Auf Deutsch!

2 Zwei

Arbeitsheft

Auf Deutsch!

2 Zwei

Arbeitsheft

Lida Daves-Schneider
Chino Valley (CA) Unified School District

Karl Schneider
Chino Valley (CA) Unified School District

Anke Finger
Texas A&M University

Rosemary Delia
Mills College

Daniela Dosch Fritz

Stephen L. Newton
University of California, Berkeley

Chief Academic and Series Developer
Robert Di Donato
Miami University

McDougal Littell
A HOUGHTON MIFFLIN COMPANY
Evanston, Illinois • Boston • Dallas

Auf Deutsch! 2 Zwei
Arbeitsheft

ISBN: 0-618-02968-0

 3 4 5 6 7 8 9 – MDO – 06 05 04 03 02

Illustrations were created by *Anica Gibson* and *George Ulrich*.
Electronic art was created by *Lori Heckelman* and *Teresa Roberts*.

Grateful acknowledgment is made for use of the following materials:
Page 4 top right Montafon AlpenSzene, Montafon Tourismus, Schruns, Switzerland; *4 bottom left*
SWR4 Tour de Ländle 99, Panoramakarte; *4 bottom right* „Die Schule für Ihr Kind", Integrierten
Gesamtschule IGS, Schaumburg, Stadthagen; *52* Erich Kästner Archiv, RA Peter Beisler, München;
62 Carl Kühne KG; *67* „Reklame" by Ingeborg Bachmann from *Werke* © Piper Verlag GmbH,
München, 1978; *126* Umweltbundesamt, Berlin; *136* From *Willkommen in Deutschland*, 1992. Reprinted
with permission of Prestel Verlag, Munich, New York.; *143* Radio Bayreuth GmbH; *156* Stadt
Hameln; *160 Super Illu*; *162* GESIBA; *163* Hundertwasser Architecture: Hot Springs Village Blumau,
Styria (The Rolling Hills); detail of a window © Joram Harel Gesellschaft, Vienna; *178* „hochzeitstag"
by Harald Hurst, Verlag E. Braun, 1997. Reprinted with permission of Harald Hurst.; *172 Stern*;
177 Interconnections; *191* JUMA.

Acknowledgments
The authors gratefully acknowledge the contributions of Nikolaus Euba, Beate Schröter, and
Christiane Elfner to the content of this book.

Internet: www.mcdougallittell.com

CONTENTS

PREFACE

Welcome to the *Arbeitsheft* (Workbook and Laboratory Manual) that accompanies *Auf Deutsch! 2 Zwei.* Each chapter of the *Arbeitsheft* is based on the corresponding chapter of the textbook, so that you may practice and review on your own what you are learning in class.

INTEGRATED LISTENING AND WRITING ACTIVITIES

Because your different senses and skills (listening, speaking, reading, writing) reinforce one another, listening and writing activities for each point in the text are integrated in the *Arbeitsheft*.

Listening activities, which may have written or oral responses, are coordinated with the Audio Program (Cassettes or CDs). Audio activities are marked with a headphone symbol .

Remember, it is best to listen to audio activities more than once: it will help you acquire German more quickly.

Written activities include an interesting mix of multiple choice, matching, fill-in, and open-ended questions that give you lots of opportunity to practice your vocabulary, grammar, and reading and writing skills. Many include pictures that will help you know how to respond. The written activities in each section move you gradually from simple to more complex activities.

Reading activities are marked with an open book symbol .

Writing activities are marked with a pen symbol.

PARALLEL ORGANIZATION

The structure of the preliminary chapter (*Einführung*) of the *Arbeitsheft* parallels that of the *Einführung* in your textbook but reviews additional material not reviewed in the textbook. Chapters 13–24 are organized similarly to the textbook, as follows:

Videothek helps you practice your listening and speaking skills as you review the content of the video episode.

Vokabeln gives you plenty of practice with the thematic vocabulary presented in the two vocabulary sections in the textbook.

Strukturen presents a variety of activities on each grammar point covered in the corresponding section of the textbook. As in all other sections, you have an opportunity to practice orally as well as in writing.

Einblicke integrates chapter vocabulary and grammar while expanding on the cultural information in your textbook. Activities are based on listening passages and authentic texts and other materials from the contemporary German-language press. This section keeps you up-to-date on everyday life around the German-speaking world.

Perspektiven also integrates chapter vocabulary and grammar as you practice your skills in listening, reading, and writing in their cultural contexts.

- *Hör mal zu!* is an extended listening comprehension activity that expands on the listening activity in the textbook chapter.

- *Lies mal!* provides practice in reading comprehension based on texts that are mostly taken from authentic German-language publications.
- *Schreib mal!* provides comprehensive, guided practice in writing sentences and paragraphs in German for practical purposes. It is often based on the reading topic or the topic in the *Einblicke* section.

After every third chapter there is a review chapter called a *Wiederholung*. This, too, parallels the organization of the textbook. Each *Wiederholung* in the *Arbeitsheft* is organized as follows:

Videothek reviews the content of the three video episodes you have already watched while allowing you to further practice your listening and speaking skills.

Vokabeln integrates practice of all the vocabulary you have learned throughout the previous three chapters.

Strukturen integrates practice of all the grammar you have learned throughout the previous three chapters.

The *Wiederholung* chapters give you an opportunity to check your skills and make sure you are ready to move on to the next chapter.

EINFÜHRUNG

VOKABELN

A. Was passt zusammen? Verbinde die Paare.

1. ____ der See
2. ____ das Kunstwerk
3. ____ die Alpen
4. ____ der Streit
5. ____ das Gesicht
6. ____ der Karneval

    a. sich entschuldigen
    b. die Nase
    c. feiern
    d. schwimmen
    e. betrachten
    f. Schi laufen

B. Haus, Freizeit oder Essen?
Ordne die Substantive einer
Kategorie zu!

> der Teppich   das Gemüse   die Limonade
> die Wurst   die Freunde   die Treppe
> der Kleiderschrank   ~~das Brot~~   die Musik
> das Regal   das Zelt   der Kühlschrank
> das Plätzchen   die Spiele   ~~das Fest~~
> das Obst   der Tanz
> der Käse
> ~~das Wohnzimmer~~   die Geschirrspülmaschine
> der Spaß

IM HAUS	DIE FREIZEIT	ESSEN
das Wohnzimmer	*das Fest*	*das Brot*
_____	_____	_____
_____	_____	_____
_____	_____	_____
_____	_____	_____

C. Stimmt das oder stimmt das nicht? Finde die Aussagen aus dem Text und kreuze die richtige Antwort an.

In der Fotoausstellung

Im Museum für Moderne Kunst zeigt man gerade eine Ausstellung mit Fotos eines bekannten deutschen Fotografen. Marlies hat davon gehört. Sie erzählt Christiane darüber. Sie ist auch daran interessiert und die beiden gehen gemeinsam hin. Die Ausstellung hat kein Motto und die Mädchen sehen eine Fülle von sehr verschiedenen Bildern. Sie sehen Landschaftsfotos, Familienfotos, Fotos von Gebäuden, Menschen, Festen und Ländern. Viele der Fotos sind schwarzweiß. Die Fotos zeigen alle Situationen des Lebens: traurige und glückliche Menschen, Kinder, stolze Eltern und frohe Großeltern, wilde romantische Küsten und steile Berge. Marlies mag die bunten Landschaftsfotos. Ihr gefallen die vielen Farben. Christiane bleibt lange vor den Schwarzweißfotos mit den Menschen stehen. Sie verbringen den ganzen Tag in der Ausstellung.

		JA	NEIN
1.	Christiane erzählt Marlies von der Ausstellung.	☐	☐
2.	Es ist eine Skulpturenausstellung.	☐	☐
3.	Ein berühmter Fotograf zeigt seine Fotos.	☐	☐
4.	Es gibt ganz viele verschiedene Fotos zu sehen.	☐	☐
5.	Marlies findet die vielen Farben hässlich.	☐	☐
6.	Sie verbringen den ganzen Tag in der Ausstellung.	☐	☐

STRUKTUREN

A. Wo ist das alles? Hier siehst du Michaels Zimmer. Ergänze die Lücken mit der passenden Präposition: **an, auf, in, neben, unter** oder **zwischen.**

Das ist Michaels Zimmer. Es ist nicht sehr

groß. Sein Kater Tiger liegt

_____¹ dem Bett.

_____² dem Bett stehen

seine Schuhe. _____³

seinem Computer liegen viele Schulbücher

auf dem Schreibtisch. Er hat einen Spiegel

_____⁴ der Wand

_____⁵ den Fenstern. Der

Schlüssel steckt _____⁶ der Tür.

B. Kleinanzeigen. Ergänze die Lücken in diesen Kleinanzeigen mit den fehlenden Adjektivendungen.

1. Freundlich____ Studentin sucht nett____ Freunde! Wer geht mit mir in spannend____ Filme oder

   interessant____ Museen?

2. Hell____ Wohnung mit groß____ Küche und schön____ Schlafzimmer zu vermieten.

3. Romantisch____ Prinz sucht sympathisch____ Prinzessin für ruhig____ Schloss.

C. Es war einmal . . . Setze die Modalverben im Imperfekt ein.

1. Prinzessin Irina _____ (müssen) immer im Schloss bleiben.

2. Ihr Vater, der König, war sehr streng. Sie _____ (dürfen) nicht mit den
   Nachbarskindern spielen.

3. Irina _____ (mögen) das gar nicht. Sie war ganz traurig darüber.

4. Warum _____ (sollen) sie keine Freunde haben?

5. Sie _____ (können) das nicht verstehen.

D. Letzte Woche. Was haben diese Leute letzte Woche gemacht? Schreib Sätze im Perfekt.

MODELL: Herr Lindauer: an der Realschule Mathematik unterrichten →
         Herr Lindauer hat an der Realschule Mathematik unterrichtet.

1. Helena: die Literaturprüfung bestehen

   _____

   _____

2. du: in der Cafeteria essen und trinken

   _____

   _____

3. Herr und Frau Blank: nach Portugal fahren und zelten

   _____

   _____

4. ich: mit meinen Freunden über das Semester plaudern

   _____

   _____

5. ihr: ins Konzert gehen und Musik von Mozart hören

   _____

   _____

PERSPEKTIVEN

 Bilder-Collage. Welcher Text passt zu welchem Bild? Verbinde jeden Text (1–4) mit einem Bild (a–d).

a.

b.

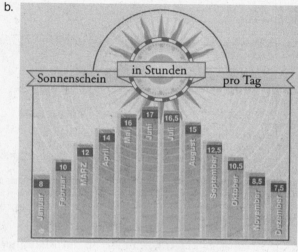

c.

d.

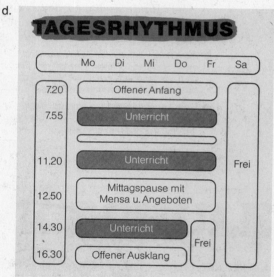

1. _____ Der offene Anfang und Ausklang, in dem die Schüler und Schülerinnen unter Aufsicht ihren Interessen nachgehen können, die längeren Pausen und die Zusatzangebote im Freizeitbereich bieten die Möglichkeit, persönliche Interessen zu vertiefen und das gemeinsame Leben in der Schule zu gestalten.

2. _____ Ein Grund für das Stimmungstief im Winter: Im Januar scheint die Sonne acht, im Juni satte siebzehn Stunden am Tag.

3. _____ Viel zu sehen und zu erleben gibt es zur Sommerzeit in Baden-Württemberg und Rheinland-Pfalz—darum lädt Sie Baden-Württemberg zur elften „Tour de Ländle" ein. Radeln auch Sie mit!

4. _____ Wollen wir nicht im Sommer ins Erzgebirge fahren? Ich habe von einem neurenovierten Hotel gehört—Felsenburg heißt es und liegt in dem malerisch schönen Ort Bärenfels, südlich von Dresden.

13 DER AZUBI

KAPITEL

Name _____

Datum _____

Klasse _____

VIDEOTHEK

A. Was fehlt? Hör zu und ergänze die fehlenden Wörter im Dialog.

PROFESSOR: Marion, wir _____[1] jetzt schon so

lange zusammen. Wollen wir nicht „du" zueinander sagen?

MARION: Oh ja, _____![2]

PROFESSOR: Und nenn mich Bob.

MARION: Alles klar, Bob.

PROFESSOR: Machst du denn Fortschritte mit der _____?[3]

MARION: Ja, _____[4] ist es nicht, aber ich komme voran. Ich denke, das

Material hilft uns.

PROFESSOR: Was hast du denn alles gefunden?

MARION: Oh, eine ganze Menge. Hör mal, Bob. Nach dem _____[5] ist mir

eins klar geworden. Wir müssen die Arbeitswelt zeigen.

PROFESSOR: Ach ja, wie Freud oder jemand anders schon sagte: „Es gibt zwei wichtige Dinge im

_____,[6] _____[7] und

_____."[8]

B. Was ist richtig? Hör zu und beantworte dann die Fragen, die du hörst.

Du hörst: Wie heißt Michaels Chef?
Du liest: Michaels Chef heißt . . .
    (Herr Schäfer / Herr Rahnstein / Herr Ohlsen)
Du sagst: Michaels Chef heißt Herr Schäfer.
Du hörst: Michaels Chef heißt Herr Schäfer.

1. Michael ist . . .
(Bankangestellter / Auszubildender / Schiffskapitän)
2. Michael sagt: . . .
(Guten Tag! / Auf Wiedersehen. / Ja, bitte.)
3. Michael sieht heute . . . aus.
(so wie immer / alt / förmlich und gut angezogen)
4. Sein Chef zeigt ihm . . .
(die Cafeteria / die Parkgarage / die Firma)
5. Michael lernt . . . kennen.
(seine Mitarbeiter / seine Familie / seine Mitschüler)

© WGBH Educational Foundation and SF&S

VOKABELN

 A. Karens neue Stelle. Welche Wörter hörst du in Karens Erzählung? Umkreise sie.

das Gehalt	die Architekturfirma
der Arbeitsplatz	die Ausbildungsstelle
der Beruf	die Auszubildende
der Erfolg	die Chefin
der Lebenslauf	die Karriere
der Lehrling	die Tätigkeit

 B. Was sind diese Personen von Beruf? Hör zu und kreuze den passenden Beruf an.

Du hörst: Heike spielt im Theater.
Du kreuzt an: Heike / Schauspielerin

	Heike	Birgit	Heinz	Renate	Danny	Antje
Künstlerin						
Ärztin						
Autor						
Schauspielerin	X					
Mechanikerin						
Politiker						

1. . . .   2. . . .   3. . . .   4. . . .   5. . . .

 C. Welche Berufe haben diese Personen? Du liest, was diese Personen machen. Sag, was ihre Berufe sind.

Du liest: Silke arbeitet bei einer Anwaltsfirma.
Du sagst: Silke ist Anwältin.
Du hörst: Silke ist Anwältin.

1. Judith macht Fotos.
2. Oliver arbeitet in einer Bibliothek.
3. Bettina singt in Musicals.
4. Daniel spielt im Theater.
5. Peter arbeitet mit Computern.
6. Christiane serviert im Flugzeug.

D. Welcher Beruf passt? Ergänze die Sätze.

Architektin
Flugbegleiter
Bibliothekarin
Dolmetscher
Schauspieler
Journalist
Krankenpfleger

1. Jan schreibt für eine Zeitung. Er arbeitet als _____.

2. Katja und Frank möchten ein Haus bauen. Eine _____ hilft ihnen.

3. Martina kann ein Buch nicht finden. Sie fragt die _____.

4. Stefan besucht eine Schauspielklasse. Er möchte _____ werden.

5. Marlies und Ingo sitzen im Flugzeug. Der _____ bringt das Essen.

6. Die Besucher aus Finnland haben einen _____.

7. Markus arbeitet mit Ärzten. Er ist _____.

E. Wer ist was? Ordne den Personen die richtigen Berufe zu. Formuliere Sätze.

MODELL: Meg Ryan: Schauspielerin →
           Meg Ryan ist Schauspielerin.

Henry Miller
Madonna   Sigmund Freud
Leonardo Di Caprio
Albert Einstein
~~Meg Ryan~~
Barbara Walters

Sängerin
Journalistin
Physiker
Schauspieler   Autor
Psychologe
~~Schauspielerin~~

1. _____

2. _____

3. _____

4. _____

5. _____

6. _____

F. Welche Berufe sind das? Du siehst verschiedene Menschen am Arbeitsplatz. Welchen Beruf üben sie aus?

MODELL: ein Architekt

1. _____

2. _____

3. _____

4. _____

5. _____

6. _____

7. _____

MODELL: Er zeichnet Hauspläne.

1. Sie behandelt kranke Menschen.

2. Er schreibt Computerprogramme.

3. Sie macht sich Notizen.

4. Er macht Fotos.

5. Sie hält politische Reden.

6. Er hilft Reisenden im Flugzeug.

7. Sie arbeitet an Autos.

G. Definitionen. Finde die richtigen Umschreibungen.

1. ____ das Vorstellungsgespräch

2. ____ der Arbeitsplatz

3. ____ das Einkommen

4. ____ der Lehrling

5. ____ der Kollege / die Kollegin

6. ____ sicher

7. ____ unabhängig

    a. fest
    b. das Büro oder die Firma
    c. das Gehalt
    d. selbständig
    e. der Mitarbeiter / die Mitarbeiterin
    f. der/die Auszubildende
    g. ein Interview, in dem man sich vorstellt

H. Stimmt das oder stimmt das nicht? Peter hat jetzt eine Ausbildungsstelle. Er schreibt einen Brief an seine Schwester Susanne.

Liebe Susanne,

seit drei Wochen bin ich jetzt ein Teil der Arbeitswelt. Die Ausbildung in diesem Büro macht wirklich viel Spaß. Die Tätigkeiten sind sehr vielfältig und die Kollegen sehr nett. Keiner behandelt mich wie einen Lehrling. Alle helfen mir. Besonders Frau Bertram. Sie ist meine Chefin und beschäftigt sich viel mit mir. Frau Bertram lässt mich selbständig arbeiten. Du weißt ja, dass ich den Beruf des Kaufmanns schon immer machen wollte. Durch das gute Gehalt bin ich finanziell unabhängig. Ich kann mir auch vorstellen, dass ich eine große Karriere vor mir habe.

Dein Peter

	JA	NEIN
1. Die Ausbildung macht Peter Spaß.	☐	☐
2. Er hat sehr vielfältige Tätigkeiten.	☐	☐
3. Die Kollegen sind unfreundlich.	☐	☐
4. Keiner hilft ihm.	☐	☐
5. Er kann selbständig arbeiten.	☐	☐
6. Peter wollte schon immer Kaufmann werden.	☐	☐
7. Leider verdient er nicht viel.	☐	☐
8. Er träumt von einer großen Karriere.	☐	☐

STRUKTUREN

 A. Im Büro. Hör zu und kreuze an, welche Funktionen die Nomen in der Tabelle haben.

	Subjekt (Nominativ)	Direktes Objekt (Akkusativ)	Indirektes Objekt (Dativ)
1. Chefin			
2. Lebenslauf			
3. Informatiker			
4. Gehalt			
5. E-Mail			
6. Erfolg			

 B. Wem schenkt er was? Karls neue Wohnung ist zu klein. Jetzt muss er anderen Personen viele Sachen schenken. Beantworte die Fragen mit Hilfe der Tabelle.

Du hörst: Wem schenkt Karl die Bücher?
Du sagst: Er schenkt seiner Schwester die Bücher.
Du hörst: Ja, er schenkt seiner Schwester die Bücher.

die Bücher: seine Schwester   die Kommode: seine Mutter
den Fernseher: sein Vater   seine Stereoanlage: seine Freundin
das Bett: sein Bruder   die Zimmerpflanze: seine Großeltern

1. . . .   2. . . .   3. . . .   4. . . .   5. . . .

C. Die gestresste Mutter. Frau Wiedemann findet ein großes Chaos vor, als sie zu Hause ankommt. Hör gut zu und nummeriere die Befehle in der Reihenfolge, in der du sie hörst.

____ Geh doch mal draußen spielen.

____ Hilf dann bitte dem Matthias mit seinen Hausaufgaben.

____ Komm bitte her und räum auf.

____ Mach doch bitte deine Musik etwas leiser!

____ Schau bitte nicht so viel fern.

____ Spiel bitte nicht an Papas Computer.

D. Besuchertipps. Ein Bekannter aus Amerika kommt zu Besuch und bittet um ein paar Tipps. Gib ihm Ratschläge, was er machen soll.

Du hörst: Was soll ich heute Abend machen?
Du liest: ins Theater gehen
Du sagst: Gehen Sie doch ins Theater!
Du hörst: Gehen Sie doch ins Theater!

1. die Burgen besichtigen
2. das Museum besuchen
3. mit dem Schiff auf dem Rhein fahren
4. im Gebirge wandern
5. im Ratskeller essen
6. im Park spazieren gehen
7. Tennis spielen
8. Schi laufen

E. Im Kindergarten. Du arbeitest im Kindergarten, und heute spielen alle Kinder verrückt. Sag ihnen, was sie machen sollen.

Du hörst: Max ist laut.
Du liest: leise sprechen
Du sagst: Sprich bitte leise, Max!
Du hörst: Ja, sprich bitte leise, Max!

1. damit aufhören
2. nicht auf dem Boden liegen
3. das Fenster wieder zumachen
4. nicht mit dem Pausenbrot spielen
5. die Schuhe wieder anziehen
6. nicht auf dem Stuhl tanzen
7. die Kreide nicht essen
8. ruhig sein
9. Markus nicht ärgern
10. nicht im Klassenzimmer laufen

F. Aus der Arbeitswelt. Schreibe ganze Sätze.

MODELL: die Chefin / wünschen / der Lehrling / schöne Ferien. →
Die Chefin wünscht dem Lehrling schöne Ferien.

1. die Kauffrau / zeigen / die Mitarbeiterin / der Arbeitsplatz _____

_____

2. der Mechaniker / geben / die Auszubildenden / gute Gehälter _____

_____

3. der Informatiker / zeigen / seine Kollegin / das Büro _____

_____

4. die Ärztin / schreiben / der Patient / ein Rezept _____

_____

5. der Geschäftsmann / helfen / sein Chef / mit der Arbeit _____

_____

6. der Anwalt / beraten / die Mitarbeiter / in der Firma _____

_____

G. Ein Brief aus Salzburg. Lies den Brief und beantworte die Fragen mit vollständigen Sätzen.

Lieber Karl,

ich danke dir herzlichst für die schöne Postkarte aus Mainz. Seit einem Jahr wohne ich jetzt in Salzburg. Die Stadt und die Leute gefallen mir sehr gut. Ich habe ein kleines Zimmer im Studentenwohnheim, und letzte Woche habe ich mir ein Bett, einen Tisch und eine alte Lampe gekauft. Und mein Vater hat mir eine große Zimmerpflanze gegeben. Jetzt ist mein Zimmer richtig gemütlich.

Das Essen in der Mensa schmeckt mir total gut, jeden Tag gibt es etwas anderes. Und abends koche ich meinen Freunden manchmal Spaghetti oder Reis.

Ich habe auch einen neuen Nachbarn, aber er hat mir zuerst überhaupt nicht gefallen. Er hat nie mit mir gesprochen und nicht einmal "Guten Morgen" gesagt. Seine Kleidung passt ihm nicht, die ist ihm immer viel zu groß. Aber gestern hat er mir gesagt, dass er beim Theater ist und auf seine Stimme aufpassen muss. Er war total nett und hat mir eine Theaterkarte für heute Abend gegeben. Das Stück heißt "Der Alpenkönig und der Menschenfeind".

Ich finde diesen Titel total komisch, du nicht? Jetzt muss ich aber los, das Theater beginnt bald und ich will mir vorher noch einen Schal kaufen. Versprich mir, dass du mich bald mal besuchen kommst!

*Liebe Grüße,
deine Angelika*

1. Wem dankt Angelika für die Postkarte aus Mainz?

   _____

   _____

2. Wie gefallen ihr die Stadt und die Leute?

   _____

   _____

3. Was hat sie letzte Woche gekauft?

   _____

   _____

4. Wer hat ihr die Zimmerpflanze gegeben?

   _____

   _____

5. Wem kocht sie manchmal Spaghetti?

   _____

   _____

6. Was denkt sie zuerst über ihren neuen Nachbarn?

   _____

   _____

7. Was schreibt sie über seine Kleidung?

   _____

   _____

8. Was hat der neue Nachbar ihr gestern gesagt?

   _____

   _____

9. Was hat er Angelika gegeben?

   _____

   _____

10. Was soll Karl ihr versprechen?

    _____

    _____

H. Gute Ratschläge. Schreibe die Ratschläge im Imperativ.

MODELL: (die Bibliothekarin zum Kind) Du solltest mal ein Buch lesen! →
Lies mal ein Buch!

1. (der Flugbegleiter) Sie sollten bitte einsteigen!

_____

_____

2. (der Philosoph) Ihr solltet mal vernünftig denken!

_____

_____

3. (die Zahnärztin zu Paulchen) Du solltest dir die Zähne öfter putzen!

_____

_____

4. (der Mechaniker) Sie sollten das Auto langsam fahren!

_____

_____

5. (die Sängerin zu ihrem Fan) Du solltest mir schöne Blumen schenken!

_____

_____

6. (der neue Mitarbeiter) Sie sollten mir die Firma zeigen!

_____

_____

7. (der Chef) Sie sollten mir Ihren Lebenslauf schicken!

_____

_____

8. (der Physiker zum Journalisten) Sie sollten das nicht vergessen!

_____

_____

9. (die Dolmetscherin) Sie sollten lauter sprechen!

_____

_____

10. (der Arzt zum Kind) Du solltest mal den Mund aufmachen!

_____

_____

EINBLICKE

. . . .

A. Stimmt das oder stimmt das nicht? Ein schweizer Lehrling erzählt über seine Lehre. Hör zu und kreuze an.

		JA	NEIN
1.	Adrian war drei Jahre lang Lehrling.	☐	☐
2.	Er hat Informatik gelernt.	☐	☐
3.	Adrians Lehrer war uninteressant.	☐	☐
4.	Zuerst wollte Adrian an der Uni studieren.	☐	☐
5.	Informatik-Lehrlinge müssen kreativ und selbständig sein.	☐	☐
6.	Adrian wird in Winterthur sein Studium beginnen.	☐	☐
7.	Adrian will später an Projekten der Berufsschule mitarbeiten.	☐	☐

B. Fragen an Adrian. Hör noch einmal zu und mach dir Notizen. Welche Fragen könntest du Adrian stellen?

MODELL: Was hast du gelernt?

1. _____

2. _____

3. _____

4. _____

5. _____

6. _____

C. Was weißt du jetzt über Adrian? Du hast jetzt die Geschichte von Adrian zweimal gehört. Kannst du dich erinnern?

Du hörst: Wie heißt Adrian mit Nachnamen?
Du liest: Kuster / Schaffhauser
Du sagst: Adrian heißt Schaffhauser mit Nachnamen.
Du hörst: Adrian heißt Schaffhauser mit Nachnamen.

1. Zürich / Berlin
2. 2 Jahre / 4 Jahre
3. 5 Lehrlinge / 10 Lehrlinge
4. nicht gut / echt super
5. aus Zufall / durch einen langen Plan

PERSPEKTIVEN

Hör mal zu!

A. Lehrlinge. Jens aus der Schweiz, Elisabeth aus Österreich und Tina aus Deutschland sprechen über Lehrlinge. Hör zu und ergänze die fehlenden Wörter.

JENS (AUS DER SCHWEIZ)

Ein _____[1] verlässt die Schule etwa mit sechzehn Jahren, geht dann in eine Fabrik, sucht einen Lehrmeister und fragt ihn, ob er eine Lehre dort haben kann. In der Regel werden Lehrlingen etwa zweihundert bis _____[2] Franken im Monat bezahlt. Also, das ist ziemlich viel _____.[3] Daneben geht ein Lehrling noch für einen Tag oder zwei Tage pro Woche in die Schule. In der restlichen Zeit ist er im Betrieb und schaut zu und lernt, wie man einen bestimmten Beruf _____.[4]

ELISABETH (AUS ÖSTERREICH)

Ein Lehrling ist jemand, der einen _____.[5] erlernen möchte. Normalerweise fängt man an im vierzehnten Lebensjahr. Man kann in die Baubranche _____,[6] man kann ein Gewerbe erlernen, wie zum Beispiel Goldschmied. Und es werden sehr, sehr viele _____[7] motiviert, einen Lehrberuf zu ergreifen. Es gibt immer mehr Frauen in Österreich in Lehrberufen, die normalerweise typischerweise für _____[8] vorbehalten gewesen wären.

TINA (AUS DEUTSCHLAND)

In Deutschland hat man die Möglichkeit, eine Lehrstelle zu bekommen, und dort einen Beruf zu _____.[9] Das Besondere an einer Lehrlingsstelle ist, dass man einerseits zur _____[10] geht und einen Beruf theoretisch lernt, auf der anderen Seite aber auch praktische Erfahrungen erhält und praktische Ausbildung. Mein Freund ist _____,[11] und er hat zwei Jahre diese Lehrlingszeit gemacht.

Lies mal!

Sprichwörter gibt es in vielen Sprachen. Hier liest du sechs deutsche Sprichwörter.

Wortschatz zum Lesen	
das Sprichwort	*saying*
der Meister	*master*
nimmermehr	*nevermore*
Köche	*cooks*
verderben	*to spoil*
der Brei	*broth*
die Übung	*practice*
der Stamm	*trunk (of a tree)*
besorgen	*to do*
verschieben	*to delay, put off*

Sprichwörter

- Es ist noch kein Meister vom Himmel gefallen.

- Was Hänschen nicht lernt, lernt Hans nimmermehr.

- Zu viele Köche verderben den Brei.

- Übung macht den Meister.

- Der Apfel fällt nicht weit vom Stamm.

- Was du heute kannst besorgen, das verschiebe nicht auf morgen.

 B. Was bedeutet das? Welches Sprichwort passt am besten zu welcher Bedeutung?

Du hörst und liest: Man wird nicht sofort perfekt, man muss viel arbeiten.
     Du sagst: Es ist noch kein Meister vom Himmel gefallen.
     Du hörst: Es ist noch kein Meister vom Himmel gefallen.

BEDEUTUNGEN

1. Viele Dinge lernt man am besten als Kind und nicht später als Erwachsener.
2. Wenn man etwas sehr gut lernen will, muss man viel üben.
3. Kinder sind ihren Eltern oft sehr ähnlich.
4. Man kann nicht auf alle Menschen hören.
5. Es ist besser, etwas jetzt zu machen und nicht später.

C. Welches Sprichwort passt? Lies die folgenden drei Situationen und wähle dann eines der Sprichwörter unter Lies mal!

1. LARS: Du, Mutti, ich glaube, ich mache meine Mathe-Hausaufgaben erst morgen.
   MUTTI: Aber Max, du hast doch jetzt Zeit. Schau doch nicht immer so viel Fernsehen.
   LARS: Ich habe jetzt aber keine Lust. Ich habe doch morgen schulfrei.
   MUTTI: Also, meine Mutter sagte immer:

   _____

2. VATI: Na, wie war es denn heute in der Schule?
   LARS: Nicht so toll. Ich habe so viel Englisch-Hausaufgaben. Und Englisch ist doch so schwer.
   VATI: Sprich doch öfters mit unseren Nachbarn, den Smiths. Kommen die nicht aus London?
   LARS: Meinst du, das hilft mir in der Schule?
   VATI: Kennst du nicht das Sprichwort:

   _____

3. MUTTI: Könntet ihr schon mal den Tisch fürs Abendessen decken? Wir essen in 10 bis 15 Minuten.
   VATI: Du, Vera, ich muss unbedingt noch einmal telefonieren. Mein Chef hat mich gefragt, ob ich ihm am Wochenende beim Aufräumen helfen kann. Ich komme sofort.
   MUTTI: Lars, kannst du schon mal den Tisch decken? Wir essen gleich!
   LARS: Oh Mutti, ich muss schnell noch eine E-Mail an Gunther schicken. Ich komme dann gleich.
   MUTTI: Das ist ja typisch. Na ja,

   _____

Schreib mal!

D. Welches Sprichwort gefällt dir am besten? Erfinde eine Situation, in der dieses Sprichwort passt. Schreib entweder einen Dialog oder beschreibe ein Erlebnis, zu dem dein Lieblingssprichwort passt.

MODELL: Lieblingssprichwort:
Es ist noch kein Meister vom Himmel gefallen.

Dialog:

KIND: Mama, ich bin schon wieder vom Fahrrad gefallen. Das ist zu schwer!
MUTTER: Willst du denn nicht noch ein bisschen üben?
KIND: Ich kann das nicht! Ich will nicht! Ich bin schlecht! . . .

_____

_____

_____

_____

_____

_____

_____

_____

14 DER TRICK

Name _____

Datum _____

Klasse _____

VIDEOTHEK

Jochen und Dave

A. In welcher Reihenfolge hörst du diese Sätze? Hör zu und nummeriere sie.

___1___ Das ist unser Lotse, Herr Friedrichs.

___3___ Na, wie ist es, wollen Sie nicht mal wieder mit uns mitfahren?

___5___ Wen hast du mir denn da mitgebracht?

___6___ Na dann, kommen Sie mal mit.

___2___ Das ist unser Erster Offizier, und das ist Herr Händel, unser Azubi.

___4___ Aber unserem Neuen können Sie gern mal das Schiff zeigen.

B. Was haben sie gesagt? Sage, was jeder gesagt hat.

Du hörst: Was sagt Michael?
Du liest: a. Ich will zurück! Ich muss an Land!
           b. Ich will Schiffskoch werden.
Du sagst: Ich will zurück! Ich muss an Land!
Du hörst: Ich will zurück! Ich muss an Land!

1. a. Das glaubt mir kein Mensch!
    ⓑ Ach, Junge, was willst du an Land? Die See ist viel schöner.
2. ⓐ Bei uns kannst du viel lernen.
    b. Ich hab' schon 'ne Lehrstelle.
3. a. Die See ist viel schöner.
    ⓑ Sie müssen umdrehen. Ich muss an Land.

C. Was sagt man, wenn . . . ? Hör zu und schreibe Antworten auf die Fragen.

1. wenn man nicht zufrieden ist? _Ich bin immer noch nicht_
richtig zufrieden

2. wenn man die Aufmerksamkeit auf etwas lenken will? _Guck_
mal

3. wenn etwas ganz unglaublich ist? _Das glaubt mir kein Mensch_

4. wenn man jemandem eine gute Reise wünscht? _Gute Fahrt_

VOKABELN

A. Auf Stellensuche. Manfred hat eine neue Stelle gefunden. Was hat er alles gemacht? Hör zu und nummeriere die Sätze in der Reihenfolge, in der du sie hörst.

___3___ Da habe ich ein interessantes Stellenangebot gefunden: meine Traumkarriere!

___8___ Da haben wir über meine Kenntnisse und Arbeitserfahrungen gesprochen.

___5___ Dann habe ich die Bewerbung zur Post gebracht.

___9___ Die Chefin hat mir dann eine Stelle mit viel Verantwortung angeboten.

___6___ Ein paar Tage danach hat mich der Arbeitgeber angerufen.

___7___ Ich bin zum Vorstellungsgespräch in die Firma gefahren.

___2___ Ich habe die Anzeigen in der Zeitung gelesen.

___4___ Ich habe meinen Lebenslauf mit dem Computer geschrieben.

___1___ Letzte Woche bin ich auf Stellensuche gegangen.

B. Die Welt der Arbeit. Was sagen diese Menschen? Hör zu und setze die fehlenden Wörter ein.

1. Ich habe eine Stelle mit viel __Prestige__.

2. Letzte Woche habe ich ein interessantes __Stellenangeboten__ gefunden: _____ gesucht.

3. Ich bin Politiker. __öffentkeit__ ist in meinem __Beruf__ sehr wichtig.

4. Ich habe schon 40 Jahre __Arbeserfarwng__.

5. Mein Chef erwartet __Eigene initive__ und __fantazen__ im Beruf.

6. Ich habe alle __Qvollexkationen__ für eine __Stelle__ als Dolmetscherin.

C. Eine Bewerbung. Katrin möchte als Dolmetscherin arbeiten. Der Chef stellt ihr viele Fragen. Hör dem Gespräch zu und kreuze die richtigen Informationen an.

1. ___ Katrins Geburtsdatum
   a. 30. September 1981
   b. 13. September 1980
   c. 30. September 1980

2. ___ Katrins Geburtsort
   a. Köln
   b. Mölln
   c. Eppendorf

3. ___ Katrins Ausbildung
   a. Abschluss, Eppendorf-Realschule, 1990
   b. Abitur, Eppendorf-Gymnasium, 1999
   c. Abitur, Eppendorf-Gymnasium, 1998

4. ___ Katrins Interessen
   a. Reisen, Musik, Sprachen
   b. Reisen, Musik, Schi laufen
   c. Reisen, Informatik, Sprachen

D. Weitere Informationen. Du hörst Katrins Gespräch mit Herrn Buchholz noch einmal. Beantworte die Fragen mit Sätzen aus der Sprechblase.

> Sie kommt aus Barcelona.
> Sie spricht Englisch und Spanisch.
> Sie stellt sich um drei Uhr vor.
> Sie hat eine Anzeige gelesen.

1. . . .   2. . . .   3. . . .   4. . . .

E. Bewerber und Arbeitgeber. Was macht Frank? Hör zu und beantworte die Fragen mit Sätzen aus der Sprechblase.

> Sie erwartet Zuverlässigkeit.
> Er glaubt, dass er die Stelle bekommt.
> Er ist sehr zuverlässig und pünktlich.
> Sie verlangt Eigeninitiative.
> Er will einen Ausbildungsplatz als Flugbegleiter.

1. . . .   2. . . .   3. . . .   4. . . .   5. . . .

F. Verlangst du das? Du bist ein Arbeitgeber / eine Arbeitgeberin. Was verlangst du von einem Arbeitnehmer / einer Arbeitnehmerin? Kreuze an.

		JA	NEIN
1.	Interesse an der Arbeit	☐	☐
2.	Arbeitserfahrung	☐	☐
3.	einen schönen Geburtsort	☐	☐
4.	Zuverlässigkeit	☐	☐
5.	ungewöhnliche Tricks	☐	☐
6.	produktive Ideen	☐	☐
7.	abwechslungsreiche Vorschläge	☐	☐
8.	ein gutes Zeugnis	☐	☐
9.	Ehrlichkeit	☐	☐
10.	blöde Streiche	☐	☐
11.	gute Qualifikationen	☐	☐
12.	schlechte Vorschläge	☐	☐
13.	Kreativität	☐	☐

G. Um welche Stelle bewirbst du dich? Warum? Wähle eine Stelle und formuliere vier Sätze.

1.

Café Italiano
sucht Mitarbeiter/innen,
fest oder Aushilfe.
Tel:- 03739/23 17 44

2.

Neue Bookshop-Boutique
sucht Verkäufer/innen.
Tel:- 05459/08   72 394

3.

Firma in der Innenstadt sucht zuverlässige Reinigungskraft für Treppenhaus und Büro. 2 Stunden täglich (abends). DM18 pro Stunde. Tel:- 0297/13 83 467

4.

Wir suchen einen technisch versierten Marketingspezialisten / eine technisch versierte Marketingspezialistin für unsere Import- und Vertreterfirma.
   Wir erwarten von Ihnen:
   •Abgeschlossenes Studium der Fachrichtung
    Wirtschaftswissenschaften, Kommunikationswissenschaft oder
    ähnliches.
   •Berufserfahrung aus dem Bereich Marketing.
   •sehr gute Englischkenntnisse in Wort und Schrift.
   •Organisationstalente.
   •Kreativität.
   Wir bieten Ihnen:
   •Ständig neue Herausforderungen in einer technologisch
    führenden und weltweit expandierenden Firma.
   •Gute Arbeitsatmosphäre im Team junger Kolleginnen und Kollegen.
   •Persönliche und fachliche Weiterentwicklung.
Bitte senden Sie Ihren Lebenslauf mit neuem Lichtbild an:
          Spedition Dittmann
          Bredekamp 7
          48165 Münster

5.

Berater/innen
Besitzen Sie eine gewinnende Ausstrahlung und ein sicheres Auftreten? Dann lesen Sie weiter. Interessieren Sie sich für innovative Ideen und Konzepte? Möchten Sie in einer zukunftorientierten Firma arbeiten? Dann sollten Sie sich für eine Zusammenarbeit mit uns interessieren. Wir setzen voraus, dass Sie über einen guten Background verfügen und bereits 3 Jahre Berufserfahrung mitbringen. Wir erwarten von Ihnen, dass Sie sowohl allein (vor Ort) als auch innerhalb eines Teams effizient tätig sind. Senden Sie uns bitte Ihre Bewerbungsunterlagen:
          Kretschmer Design GmbH
          Thornerstraße 8
          44789 Bochum

Name _____ Datum _____ Klasse _____

1. Ich bewerbe mich um die Stelle als _____ .

2. Diese Stelle verlangt _____ .

3. Für diese Stelle muss man _____ sein.

4. Ich erwarte _____ .

eine gute Arbeitsatmosphäre   Mitarbeiter/in im Café

effizient

Verkäufer/in in Bookshop-Boutique

ein sicheres Auftreten

Berater/in

Marketingspezialist/in   zukunftsorientiert

Englischkenntnisse   einen interessanten Dienst

einen freundlichen Arbeitgeber

Berufserfahrung   neue Herausforderungen

zuverlässig

einen schönen Arbeitsplatz

eine Traumkarriere

Reinigungskraft

Organisationstalente   ein abgeschlossenes Studium

persönliche Weiterentwicklung

einen guten Background

Kreativität   ein gutes Einkommen

STRUKTUREN

A. Vierundzwanzig Stunden. Was haben diese Leute gestern gemacht? Hör zu und kreuze an, wer was gemacht hat.

	ALI	DANIELA UND KATRIN	SASKIA	HERR BRAUN	FRAU PFLEGER	FAMILIE STANGE
hat beim „Pizza-Service" gearbeitet	☐	☐	☐	☐	☐	☐
ist nach Dortmund gefahren	☐	☐	☐	☐	☐	☐
hat ein Buch von Goethe gelesen	☐	☐	☐	☐	☐	☐
hat einen Brief geschrieben	☐	☐	☐	☐	☐	☐
ist spät aufgestanden	☐	☐	☐	☐	☐	☐
sind im Theater gewesen	☐	☐	☐	☐	☐	☐

B. Und was haben diese Leute noch gemacht? Hör zu und beantworte die Fragen.

Du hörst: Was hat Ali gestern gemacht?
Du liest: Ali: ins Kino gehen
Du sagst: Er ist ins Kino gegangen.
Du hörst: Ach so, er ist ins Kino gegangen.

1. Daniela und Katrin: über die Schule reden
2. Frau Pfleger: ein Restaurant suchen
3. Saskia: eine Burg besichtigen
4. Herr Braun: ein Hotelzimmer buchen

C. Ein Tag in der Schule. Du kommst von der Schule nach Hause, und deine Eltern haben viele Fragen. Beantworte sie!

Du hörst: Was hast du heute in der Schule gemacht?
Du liest: eine Arbeit in Biologie schreiben
Du sagst: Ich habe eine Arbeit in Biologie geschrieben.
Du hörst: Ich habe eine Arbeit in Biologie geschrieben.

1. alles wissen
2. eine Geschichte von Bertolt Brecht lesen
3. englische Vokabeln lernen
4. einen Film über den Holocaust sehen
5. Fußball spielen
6. mit dem Fahrrad fahren

D. Dieter und Henning. Gestern waren Dieter und Henning nicht bei der Arbeit. Du liest, was Dieter gemacht hat, und hörst, was Henning gemacht hat. Ergänze die Tabelle. Du hörst Hennings Bericht zweimal.

DIETERS TAG	HENNINGS TAG
Ich bin um 7 Uhr aufgestanden.	*Ich bin um 10 Uhr aufgestanden.*

1. Ich habe nicht gefrühstückt.

2. Ich bin zur Großmutter gefahren.

3. Für die Großmutter habe ich eingekauft.

4. Am Nachmittag habe ich im Garten gearbeitet.

5. Ich bin bei ihr zum Abendessen geblieben.

6. Ich bin spät nach Hause gekommen.

E. Siggi Moosgruber auf Tournee.

SCHRITT 1

Hör zu und verfolge seinen Weg auf der Karte.

SCHRITT 2

Was hat er in welcher Stadt gemacht? Du hörst seine Erzählung noch einmal. Schreibe auf, was er in den Städten erlebt hat.

MODELL: München: Er hat seine Freundin Lissy besucht.

1. Jena: Er hat beinahe _____

2. Berlin: Er hat in einem _____

3. Rügen: Er hat viel _____

4. Stuttgart: Er hat das _____

5. Hamburg: Er hat mit Kollegen _____

6. Köln: Er hat die _____

7. Frankfurt: Er hat in einem super _____

F. Haben oder sein, das ist die Frage. Ergänze die Lücken mit den passenden Formen von *haben* oder *sein*.

Herr Wiedemann _____ [1] mit seinen Kindern in den Urlaub gereist. Am Flughafen

_____ [2] er einen Kaffee getrunken, und die Kinder _____ [3] ein Eis gegessen.

Bärbel _____ [4] ihren Bruder Matthias gefragt: „_____ [5] du die Badehose

eingepackt?" Matthias _____ [6] ihr geantwortet: „Natürlich _____ [7] ich die

Badehose eingepackt. Ich _____ [8] gestern noch ins Kaufhaus gegangen und

_____ [9] mir eine neue Badehose gekauft." Und da _____ [10] Herr Wiedemann

plötzlich ganz weiß im Gesicht geworden. „_____ [11] ihr auch im Reisebüro gewesen?"

„Nein", sagt Bärbel, „das _____ [12] wir vergessen."

G. Alexandras Kalender. Um wie viel Uhr hat Alexandra was gemacht? Lies ihren Tagesplan und schreib Sätze.

MODELL: Alexandra ist um 7 Uhr aufgestanden.

1. _____
   _____
2. _____
   _____
3. _____
   _____
4. _____
   _____
5. _____
   _____
6. _____
   _____
7. _____
8. _____
9. _____

TAGESPLAN: SAMSTAG, 13. APRIL		
ZEIT	**PLAN**	√
7.00	aufstehen	
8.00	Radio hören	
9.30	mit Tante Hille sprechen	
10.00	Mutti anrufen	
12.00	in die Sauna gehen	
13.00	mit Dana im Restaurant essen	
14.15	Mathe pauken	
15.00	kurz schlafen	
18.00	Martin besuchen	
21.00	einen Film sehen	

H. Was hast du gestern gemacht? Schreib vier Sätze im Perfekt.

MODELLE: Ich habe ein Buch gelesen.
            Ich bin zu Hause geblieben.

1. _____
2. _____
3. _____
4. _____

EINBLICKE

• •

A. Ein Lebenslauf. In Deutschland müssen Bewerber für eine Stelle einen Lebenslauf schreiben. Du siehst hier Elisabeth Behrends Lebenslauf. Ergänze die fehlenden Kategorien mit Wörtern aus dem Kasten.

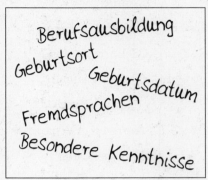

Berufsausbildung
Geburtsort
Geburtsdatum
Fremdsprachen
Besondere Kenntnisse

Lebenslauf

Name	Elisabeth Behrend
_____ (1)	9. Juli 1971
_____ (2)	Kassel
Eltern	Winfried Behrend & Josefa Behrend, geb. Clebš
Schulabschluss	Abitur 1990, Kepler Gymnasium, Kassel
Studium	Diplom 1997, Universität Göttingen
Hauptfach	Anglistik
_____ (3)	Praktikum als Dolmetscherin bei Trans-Lingua AG in Frankfurt
Familienstand	verheiratet
_____ (4)	EDV, Windows, HTML
_____ (5)	Englisch, Tschechisch

B. Herr Zuckermann erzählt von seiner Ausbildung. Hör zu und ergänze die fehlenden Informationen.

Persönliche Daten

Vor- und Zuname	_____ Zuckermann
Geburtsdatum	_____
Geburtsort	_____
Familienstand	verheiratet
Beruf des Ehepartners	Ingenieurin

Schulausbildung 1974–1988

Schulabschlüsse	_____
	Höhere Handelsschule
	Abitur 1988

Berufsausbildung 1988–1992

Art der Ausbildung	Lehre als _____ bei einer Handelsfirma

Hochschulstudium 1992–1995

Universität	Berlin
Hauptfach	International Business

Fremdsprachen	_____

PERSPEKTIVEN

• •

Hör mal zu!

A. Ein Interview. Ein Interviewer stellt Fragen zur Arbeitslage in Europa. Was sagen Astrid und Elisabeth? Hör zu und ergänze die Lücken.

INTERVIEWER: Astrid, wie sehen Sie die Arbeitslage in Europa heutzutage?

ASTRID: Die Arbeitslosigkeit heutzutage in Deutschland ist, denke ich, das größte

_____,[1] das wir haben. Wenn eine Familie

_____[2] ist, geht es ihr nicht gut. Sie wird unzufrieden, und sie

beeinflusst damit auch ihre Umwelt. Und Unzufriedenheit ist der Grund für andere

Probleme. In meiner _____[3] gibt es sehr viele arbeitslose

_____.[4] Mein Vater und meine Mutter werden bald Rentner sein,

und sie werden nicht hohe Renten bekommen, weil die _____,[5] die

sie in der DDR _____[6] haben, nicht angerechnet werden. Viele

meiner Verwandten sind arbeitslos, und sie haben ihre Arbeit

_____,[7] nachdem die Mauer gefallen ist. Es geht ihnen nicht gut. Sie

können die Früchte ihrer _____[8] nicht genießen.

INTERVIEWER: Elisabeth, fühlen Sie sich persönlich von der Arbeitslosigkeit betroffen?

ELISABETH: Nein. Ich persönlich fühle mich von der kritischen Arbeitssituation in

_____[9] nicht betroffen, denn ich glaube, wenn man eine bestimmte

_____[10] hat, man auch einen _____[11] erhält,

weil es werden immer wieder Leute gebraucht. Die _____[12] ist

meistens kritisch für Leute, die keine gute Ausbildung haben.

B. Fragen an dich. Hör noch einmal zu. Beantworte dann die Fragen, die du hörst.

1. . . .   2. . . .   3. . . .   4. . . .   5. . . .

Lies mal!

Du liest jetzt ein Gedicht von Heinrich Heine (1797–1856).

Wortschatz zum Lesen

der Sinn	*mind*
die Luft	*air*
der Gipfel	*peak*
funkelt	*sparkles*
die Jungfrau	*maiden*
das Geschmeide	*jewelry*
gewaltig	*powerful*
die Melodei	= die Melodie
der Schiffer	*sailor*
das Weh	*woe*
Felsenriffe	*rocky reefs*
die Höh	*heights*
Wellen	*waves*
verschlingen	*swallow*
der Kahn	*boat*

„Ich weiß nicht, was soll es bedeuten"

1. Ich weiß nicht, was soll es bedeuten,
   Daß ich so traurig bin;
   Ein Märchen aus alten Zeiten,
   Das kommt mir nicht aus dem Sinn.

2. Die Luft ist kühl und es dunkelt,
   Und ruhig fließt der Rhein;
   Der Gipfel des Berges funkelt
   Im Abendsonnenschein.

3. Die schönste Jungfrau sitzet
   Dort oben wunderbar,
   Ihr goldnes Geschmeide blitzet,
   Sie kämmt ihr goldenes Haar.

4. Sie kämmt es mit goldenem Kamme,
   Und singt ein Lied dabei;
   Das hat eine wundersame,
   Gewaltige Melodei.

5. Den Schiffer im kleinen Schiffe
   Ergreift es mit wildem Weh;
   Er schaut nicht die Felsenriffe,
   Er schaut nur hinauf in die Höh.

6. Ich glaube, die Wellen verschlingen
   Am Ende Schiffer und Kahn;
   Und das hat mit ihrem Singen
   Die Lorelei getan.

Aus *Buch der Lieder* von Heinrich Heine (1797–1856)

C. Assoziationen. Was assoziierst du mit den folgenden Ausdrücken aus dem Gedicht? Schreib alle Wörter oder Ausdrücke auf, die dir einfallen.

MODELL: der Rhein: →
          großer Fluss; Burgen; fließen; Wasser; Schifffahrt; blau; kalt

1. traurig:

   _____

   _____

2. das Märchen:

   _____

   _____

3. der Abendsonnenschein:

   _____

   _____

4. die Jungfrau:

   _____

   _____

5. der Kamm:

   _____

   _____

6. die Melodie:

   _____

   _____

7. die Welle:

   _____

   _____

D. Was passt? Welche der folgenden sechs Überschriften passen zu den einzelnen Strophen?

a. ____ Der Schiffskapitän sieht die Felsen nicht, weil er nur hinauf zu der jungen Frau schaut.

b. ____ Eine schöne junge Frau sitzt auf einem Felsen und kämmt ihr hellblondes Haar.

c. ____ Es wird dunkel am Rhein. Die untergehende Sonne beleuchtet die Gipfel der Berge.

d. ____ Die junge Frau verzaubert durch ihr Lied den Kapitän. Er geht mit seinem Schiff unter.

e. _1_ Die Person, die erzählt, ist traurig, weil sie an ein altes Märchen denken muss.

f. ____ Mit einem glänzenden Kamm kämmt die junge Frau ihr Haar und singt dabei ein mysteriöses Lied.

Schreib mal!

E. Illustrationen. Man braucht Illustrationen zu dem Gedicht: ein Bild zu jeder Strophe. Beschreibe, wie diese sechs Bilder aussehen. Sei kreativ!

MODELL: Bild 1: Es ist ein Herbstabend und sehr kühl draußen. Ein Mann und eine Frau sitzen zusammen im Wohnzimmer, wo es warm ist, und unterhalten sich. Der Mann sieht etwas traurig aus. Er beginnt zu erzählen.

Bild 2: _____

_____

_____

_____

Bild 3: _____

_____

_____

_____

Bild 4: _____

_____

_____

_____

Bild 5: _____

_____

_____

_____

Bild 6: _____

_____

_____

_____

KAPITEL 15 ZU VIEL SALZ

VIDEOTHEK

A. Abendessen bei Professor Di Donato. Marion ist zum Essen eingeladen. Was gibt es? Kreuze die richtigen Antworten an.

1. Marion bringt dem Professor _____ mit.

   ☐ Blumen

   ☐ Kekse

   ☐ Mozartkugeln

2. Sie essen _____.

   ☐ französisch

   ☐ italienisch

   ☐ griechisch

3. Der Professor hat _____ gekocht.

   ☐ Lasagne

   ☐ Spaghetti

   ☐ Ravioli caprese

4. Zum Nachtisch essen sie _____.

   ☐ Apfeltorte

   ☐ Schwarzwälder Kirschtorte

   ☐ Pudding

B. Wer sagt das? Claudia, Dirk oder Erika? Hör zu und schreibe, wer das sagt.

   C = Claudia   D = Dirk   E = Erika

1. _____ Das ist ganz wichtig, ein gemeinsames Frühstück, und am Nachmittag kommen Gäste zum Kaffee.

2. _____ Ich gehe mit meinen Freunden in die Stadt.

3. _____ Das beginnt meist um Mitternacht.

4. _____ Geburtstage sind natürlich immer wichtig.

5. _____ Früher, als ich kleiner war, hatten wir immer diese schönen Kindergeburtstage mit Kerzen und Kuchen und ich hab' dann viele Freunde eingeladen.

6. _____ Und nachher werden sie wieder wichtiger, wenn man 50, 60, 70, 80 wird, so wie ich, wenn man älter wird.

VOKABELN

A. Lieblingslokale. Wo essen diese Personen am liebsten? Hör zu und kreuze die richtige Antwort an.

	JÖRG	TANJA	STEFAN	KIM
die Gaststätte	☐	☐	☐	☐
der Imbissstand	☐	☐	☐	☐
das Gasthaus	☐	☐	☐	☐
das Wirtshaus	☐	☐	☐	☐
die Kneipe	☐	☐	☐	☐
der Gasthof	☐	☐	☐	☐

B. Stimmt das oder stimmt das nicht? Eneya und Thomas planen Eneyas Geburtstag. Hör zu und kreuze die richtige Antwort an.

		JA	NEIN
1.	Thomas bestellt einen Tisch im „Seeblick".	☐	☐
2.	Er kennt die Kellner dort.	☐	☐
3.	Eneya möchte nicht dorthin gehen.	☐	☐
4.	Sie gehen in eine Spezialitätengaststätte.	☐	☐
5.	Eneya und Thomas wollen zu Hause feiern.	☐	☐
6.	Sie bereiten verschiedene Speisen zu.	☐	☐

C. Was gehört nicht dazu? Antworte in einem Satz.

Du hörst:	Was ist keine Vorspeise?
Du liest:	die Kartoffel — der Krabbencocktail — die Suppe
Du sagst:	Die Kartoffel ist keine Vorspeise.
Du hörst:	Genau, die Kartoffel ist keine Vorspeise.

1. der Krabbencocktail — die Brezel — das Eis
2. die Bratkartoffeln — der Senf — der Reis
3. die Limonade — der Schweinebraten — das Wiener Schnitzel
4. der Apfelstrudel — die Sahne — die Bohne
5. der Hummer — das Mineralwasser — die Limonade

D. Wer sagt das? Wer sagt das im Restaurant, der Kellner oder der Gast?

Du hörst: Ist hier noch frei?
Du sagst: Der Gast sagt das.
Du hörst: Ja, der Gast sagt das.   1. ...   2. ...   3. ...   4. ...   5. ...

 E. Das sagt man im Restaurant. Wähle den passenden Ausdruck und sage ihn laut.

Du hörst: Du möchtest dich an einen
                 Tisch setzen. Was sagst du?
Du liest: Ist hier noch frei?
Du sagst: Ist hier noch frei?
Du hörst: Ist hier noch frei?

Hier ist besetzt.

Ja, danke, gut.

Was darf's sein?

Ich hätte gern eine Wurst.

Zahlen, bitte!

1. ...   2. ...   3. ...   4. ...   5. ...

F. Essen und Trinken. Was gehört wohin? Finde jeweils drei Lebensmittel, die in diese Gruppen gehören.

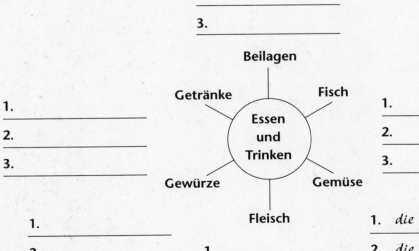

1. _____
2. _____
3. _____

Beilagen

Getränke   **Fisch**

1. _____   1. _____
2. _____   2. _____
3. _____   3. _____

Essen und Trinken

Gewürze   **Gemüse**

1. _____   1. *die Bohne*
2. _____   2. *die Erbse*
3. _____   3. *das Sauerkraut*

Fleisch

1. _____
2. _____
3. _____

G. Ein kleines Menü? Ordne die Speisen zu. Schreibe „V" für Vorspeise, „H" für Hauptgericht, „B" für Beilage und „N" für Nachspeise.

MODELL: <u>N</u> das Eis

<u>V</u> der Krabbencocktail

<u>B</u> die Pommes frites

<u>H</u> der Lachs

1. ____ das Wiener Schnitzel

____ der Apfelstrudel

____ die Erbsensuppe

____ die Kartoffeln

2. ____ der Reis

____ der grüne Salat

____ der Hummer

____ der Fruchtsalat

3. ____ die Gemüsesuppe

____ der Pudding

____ die Bohnen

____ der Schweinebraten

4. ____ der Leberkäs

____ der Tomatensalat

____ die Bratkartoffeln

____ das Vanille-Eis

H. Kochen für Freunde! Du lädst viele Freunde und Freundinnen zum Abendessen ein und kochst für sie.

SCHRITT I

Was möchtest du servieren? Schreib das Menü.

Das Menü

Vorspeise _____

Hauptgericht _____

Beilagen _____

Nachspeise _____

Getränke _____

SCHRITT II

Jetzt musst du einkaufen. Was musst du kaufen, um diese Gerichte zu kochen oder vorzubereiten? Schreib eine Einkaufsliste.

MODELL: Für die Vorspeise brauche ich Erbsen, Sahne, Thymian, Pfeffer, . . .

Einkaufsliste
_____
_____
_____
_____
_____
_____
_____
_____
_____
_____
_____
_____
_____
_____

STRUKTUREN

A. Minidialoge. Du hörst sechs kurze Dialoge. Schreibe die Pronomen, die du hörst, in die Lücken.

Du liest: —Grüß _____! Wie geht's _____?
          —Danke, gut!
Du hörst: —Grüß dich! Wie geht's dir?
          —Danke, gut!
Du schreibst: —Grüß _dich_! Wie geht's _dir_?
          —Danke, gut!

1. —_____ bekommt das Hemd?

    —Ich kaufe _____ meinem Vater.

2. —Guten Tag!

    —Guten Tag! Kann _____ _____ helfen?

3. —Was soll _____ _____ zu trinken bestellen?

    —Eine Limonade, bitte.

4. —Schaut mal, da ist ein Café.

    —Mmmm, kaufen _____ _____ ein Eis?

5. —_____ können _____ mir empfehlen?

    —Unsere Spezialität ist Forelle.

B. Nominativ, Akkusativ oder Dativ? Schreibe den Kasus von jedem Pronomen aus Übung A.

    MODELL: dich — Akkusativ; dir — Dativ

1. _____ ; _____

2. _____ ; _____

3. _____ ; _____

4. _____ ; _____

5. _____ ; _____

C. Wie schmeckt das Essen? Hör zu und sag, wie den Leuten das Essen schmeckt.

Du hörst: Wie schmeckt Herrn Braun der Leberkäs?
Du liest: nicht so gut
Du sagst: Er schmeckt ihm nicht so gut.
Du hörst: Er schmeckt ihm nicht so gut.

1. sehr gut
2. super
3. ziemlich gut
4. echt gut
5. überhaupt nicht

D. Elisabeths Stammbaum. Schau dir den Stammbaum an und beantworte die Fragen.

Du hörst: Wie heißt die Frau des Vaters?
Du sagst: Die Frau des Vaters heißt Franziska.
Du hörst: Die Frau des Vaters heißt Franziska.

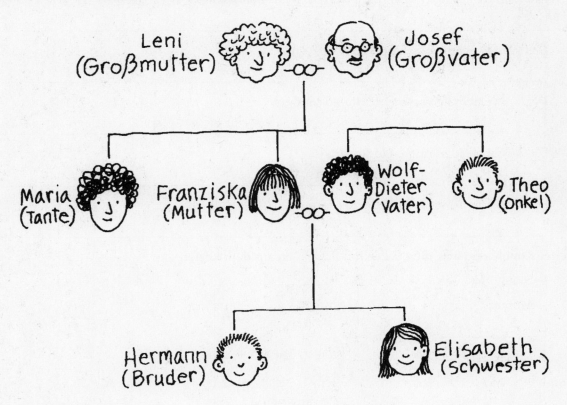

1. . . .   2. . . .   3. . . .   4. . . .   5. . . .   6. . . .

 E. Im Café. Du sitzt im Café zwischen Daniela und Christian. Leider ist es ziemlich laut. Daniela und Christian können einander nicht richtig verstehen. Hör zu und beantworte ihre Fragen.

Du hörst: DANIELA: Ich habe gestern Erich besucht.
             CHRISTIAN: Wen hat sie besucht?
Du liest: Erich
Du sagst: Sie hat Erich besucht.
Du hörst: CHRISTIAN: Ach so, sie hat Erich besucht.

1. ein neues Hemd
2. Pia
3. Pias Bruder
4. Pia
5. ihren Freund Markus
6. dass Pia einen Freund hat

F. Im Restaurant „Zum Goldenen Schwan". Ersetze die unterstrichenen Nomen durch Pronomen.

MODELL: Norbert bestellt seiner Freundin ein Glas Limonade. →
Er bestellt ihr ein Glas Limonade.

1. Die Kellnerin bringt Herrn und Frau Huber die Speisekarte.

_____

2. Das Wiener Schnitzel schmeckt Sabine nicht.

_____

3. Der Schweinebraten schmeckt Harald sehr gut.

_____

4. Die Möbel gefallen Antje und Robert.

_____

5. Die Kellnerin bringt Brigitte die Rechnung.

_____

G. In der Kneipe. Ergänze die Lücken mit Pronomen aus dem Kasten.

> dich
> uns   euch
> dir   Jhnen
> uns   mir
> Jhnen

ALBAN: Grüß _____,¹ Thomas! Wie geht's _____?²

THOMAS: _____³ geht's gut, danke, aber ich habe großen Hunger. Hoffentlich bringt

_____⁴ der Kellner schnell die Speisekarte.

ALBAN: Schau mal, da kommt Daniela!

DANIELA: Hallo, ihr beiden! Kann ich mich zu _____⁵ setzen?

THOMAS: Na klar.

KELLNER: Guten Tag, zusammen. Was darf ich _____⁶ bringen?

ALBAN: Bringen Sie _____⁷ bitte drei Mineralwasser und die Speisekarte.

KELLNER: Kommt sofort. Unseren Schweinebraten kann ich _____⁸ heute übrigens besonders empfehlen.

H. Wer bestellt wem was? Bilde Fragen und Antworten.

MODELL: wem / bestellen / du / ein Glas Milch (meine Schwester) →
Wem bestellst du ein Glas Milch? Ich bestelle es meiner Schwester.

1. wem / geben / der Mann / das Salz (seine Frau)

   _____

   _____

2. wem / bestellen / die Eltern / die Brezel (ihre Kinder)

   _____

   _____

3. wem / kaufen / die Frau / die Milch (ihr Sohn)

   _____

   _____

4. wem / bestellen / ihr / der Krabbencocktail (unsere Cousine)

   _____

   _____

5. wem / geben / Sie / die Rechnung (mein Vater)

   _____

   _____

I. Was für eine Stadt ist Klagenfurt? Schreib Sätze im Genitiv.

MODELL: die Begegnung →
Klagenfurt ist eine Stadt der Begegnung.

1. die Tradition: _____

2. der Sport: _____

3. die Musik: _____

4. die Kirchen: _____

5. das Essen: _____

6. die Studenten: _____

7. das Theater: _____

J. Spezialitäten des Hauses. Beschreibe die Spezialitäten dieser Gasthäuser in jeweils einem Satz.

MODELL

Gasthof „Ithaka"
Griechische und
internationale Küche
Unsere Spezialität:
Täglich
frischer Lachs

1.

Litfass—die Kneipe

die gemütliche

Studentenkneipe

Bratkartoffeln nur 7,-DM

2.

WIRTSHAUS ZUM SEDLMAYER

LEBERKÄS MIT

BEILAGE 9,90 DM

3.

Dönerland

der Imbissstand

in Ihrer Nähe!

Türkische Bohnen

DM 3,80

4.

Der Gasthof
Bienenheim
lädt Sie ein zu

Schweinebraten
mit Knödel
und Kraut

5.

Das Café für junge Leute

Gillhubers

Täglich frischer

Apfelstrudel und

Käsekuchen

MODELL: Die Spezialität des Gasthofs „Ithaka" ist frischer Lachs.

1. _____

_____

2. _____

_____

3. _____

_____

4. _____

_____

5. _____

_____

EINBLICKE

· ·

A. Welches Restaurant? Schau dir diese drei Anzeigen von Restaurants an. Hör dir an, wie Familie Laubach eine Geburtstagsfeier für den Großvater plant.

- In welchem Restaurant wird die Familie feiern? Das Restaurant heißt _____.

Der Nil

Gastronomie auf Ägyptisch

Plätze für 50 Gäste

täglich 18–23 Uhr geöffnet

Tel. 82 98 07

Unsere Spezialitäten:

Fatusch, Baba Ghanoug, Felafel, Dolma und Kibba

▲ Ägyptische Küche mit Niveau ▲

Restaurant Forsthaus

- internationale Küche

- Terrasse mit Park- und Waldblick

- eigene Konditorei

- Räume für Gesellschaften bis 200 Personen

- Sonntags-Brunch 10.00–15.00 Uhr

- montags Ruhetag

Tel. 29 84 52

Restaurant Feldbacher Hof

- einmaliger Blick auf den Rhein

- angenehme Atmosphäre

- Plätze für 120 Personen

- bürgerlich-deutsche Küche

- mittwochs Ruhetag

Tel. 38 44 20

B. Genaueres. Du hörst das Gespräch der Familie Laubach noch einmal. Beantworte dann die Fragen.

1. Wer hat Geburtstag?

   _____

   _____

2. Wie alt wird diese Person?

   _____

   _____

3. Wo will die Familie feiern?

   _____

   _____

4. Wie heißt Papas Lieblingsrestaurant?

   _____

   _____

5. Wie findet die Tochter das Restaurant?

   _____

   _____

6. Wohin will die Tochter gehen?

   _____

   _____

7. Wie findet die Mutter diese Idee?

   _____

   _____

8. Wie findet der Vater die Idee?

   _____

C. Ein Vergleich. Schau dir die Informationen zu den drei Restaurants an und beantworte die Fragen.

	DER NIL	RESTAURANT FORSTHAUS	RESTAURANT FELDBACHER HOF
1. Welches Restaurant hat eine Terrasse?	☐	☐	☐
2. Welches Restaurant ist täglich geöffnet?	☐	☐	☐
3. Wie heißt das größte Restaurant?	☐	☐	☐
4. Welches Restaurant hat Gesellschaftsräume?	☐	☐	☐
5. Welches Restaurant hat einen Blick auf den Rhein?	☐	☐	☐

PERSPEKTIVEN

· ·

Hör mal zu!

A. Was fehlt? Hör zu und ergänze die Lücken.

Wie _____¹ man in Europa? Was sagen Jens, Elisabeth und Margit zum

_____² in der Schweiz, Österreich und Deutschland?

ANNOUNCER: Jens.

JENS: In der _____³ gibt es auch Bioprodukte, aber ich finde, das

_____⁴ ist ein Schwindel. Es gab Untersuchungen, und da hat man

rausgefunden, dass Bioprodukte nicht besser sind als die normalen Produkte, aber man

verkauft sie zu einem viel höheren Preis und das ist einfach nicht richtig.

ANNOUNCER: Elisabeth.

ELISABETH: Das traditionelle österreichische Essen ist sehr _____,⁵ sehr deftig:

Schweinsbraten und Knödel und Torten und Kuchen. Und jetzt kannst du dir

_____,⁶ es ist Tradition, im Heurigen zu sitzen—das ist ein

_____,⁷ wo man viel isst, trinkt und singt. Also, sie essen das

Schweinefleisch und die Torten und alles sehr fetthaltig.

ANNOUNCER: Margit.

MARGIT: Also, seitdem wir jetzt in Tempelhof _____,⁸ gehen wir sehr viel essen, weil

das _____⁹ bei uns schwieriger war. Man hat sehr angestanden und es gab

nicht so viele Restaurants. Jetzt gehen wir sehr viel essen. Und ich _____¹⁰

eigentlich alles kennen lernen. Wir waren thailändisch essen, türkisch gehe ich sehr gern

essen, italienisch, griechisch und manchmal auch deutsch.

B. Genaueres. Du hörst den Text noch einmal. Beantworte dann die Fragen, die du hörst, mit
Sätzen aus der Sprechblase.

> Bioprodukte sind nicht besser.
> Es ist schwer und deftig.
> In der Schweiz gibt es Bioprodukte.
> Man verkauft sie zu einem viel höheren Preis.
> Sie geht oft essen.

1. . . .   2. . . .   3. . . .   4. . . .   5. . . .

Lies mal!

Erst Mittagessen, und was macht man dann?

Eva klingelt zweimal kurz. Das tut sie immer. Ihre Mutter dreht dann die Platte des Elektroherds an, auf dem das Mittagessen zum Aufwärmen steht. Wenn Eva nach Hause kommt, haben ihre Mutter und ihr Bruder schon gegessen. Berthold ist erst zehn, er geht noch in die Grundschule um die Ecke.

Diesmal ist das Essen noch nicht fertig. Es gibt nämlich Pfannkuchen mit Apfelmus, und Pfannkuchen macht ihre Mutter erst, wenn Eva da ist. „Knusprig müssen sie sein", sagt sie immer. „Aufgewärmt schmecken sie wie Waschlappen."

„Wo ist Berthold?" fragt Eva, als sie sich an den Tisch setzt. Irgend etwas muss man ja sagen.

„Schon längst im Schwimmbad. Er hatte hitzefrei."

„Bei uns gibt es das nie", sagt Eva. „Bei uns ist es ja angeblich so kühl in den Klassenzimmern."

Die Mutter hat die Pfanne auf die Herdplatte gestellt. Es zischt laut, als sie einen Löffel Teig in das heiße Fett gießt. „Was hast du heute für Pläne?" fragt sie und wendet den Pfannkuchen.

Eva nimmt sich Apfelmus in eine Glasschüssel und beginnt zu essen. Von dem Geruch des heißen Fetts wird ihr schlecht. „Ich mag heute keine Pfannkuchen, Mama", sagt sie.

Die Mutter schaut sie erstaunt an. „Wieso? Bist du krank?"

„Nein. Ich mag nur heute keine Pfannkuchen."

„Aber sonst isst du Pfannkuchen doch so gern."

„Ich habe nicht gesagt, dass ich Pfannkuchen nicht gern esse. Ich habe nur gesagt, ich mag heute keine."

„Das verstehe ich nicht. Wenn du sie doch sonst immer so gern isst . . . "

„Heute nicht."

Die Mutter wird böse. „Ich stelle mich doch nicht bei dieser Hitze hin und koche, und dann willst du nichts essen!" Klatsch! Der Pfannkuchen landet auf Evas Teller. „Dabei habe ich extra auf dich gewartet." Die Mutter gießt wieder Teig in die Pfanne. „Eigentlich wollte ich schon um zwei bei Tante Renate sein."

„Warum bist du nicht gegangen? Ich bin doch kein kleines Kind mehr."

Die Mutter wendet den nächsten Pfannkuchen. „Das sagst du so. Und wenn ich nicht aufpasse, isst du nicht richtig."

Eva bedeckt den Pfannkuchen mit Apfelmus. Da war auch schon der zweite. „Es ist genug, Mama", sagt Eva.

Mirjam Pressler, aus „Erst Mittagessen und was macht man dann?"

C. Zum Text. Was bedeuten diese Wörter aus dem Text?

1. aufwärmen

   ☐ a. wenn man etwas noch einmal warm macht

   ☐ b. wenn es draußen sehr warm ist

2. knusprig

   ☐ a. heiß

   ☐ b. wenn etwas frisch gebacken oder gebraten ist

3. der Waschlappen

   ☐ a. das Zimmer, wo man sich wäscht

   ☐ b. man wäscht sich damit am Morgen das Gesicht

4. hitzefrei

   ☐ a. wenn es sehr heiß ist, dann dürfen die Schüler nach Hause gehen

   ☐ b. wenn es sehr heiß ist, dann haben die Schüler im Schwimmbad Sportunterricht

5. der Teig

   ☐ a. wenn man einen Kuchen backt, macht man zuerst einen . . .

   ☐ b. ein kleiner See

6. wenden

   ☐ a. gebrauchen

   ☐ b. umdrehen

D. Stimmt das oder stimmt das nicht? Finde die Aussagen aus dem Text und kreuze die richtige Antwort an.

		JA	NEIN
1.	Wenn Eva von der Schule kommt, haben ihre Mutter und ihr Bruder immer schon gegessen.	☐	☐
2.	Heute isst Eva Apfelkuchen.	☐	☐
3.	Berthold hatte hitzefrei und ist schon im Schwimmbad.	☐	☐
4.	Eva hat heute großen Hunger.	☐	☐
5.	Normalerweise isst Eva Pfannkuchen sehr gern.	☐	☐
6.	Die Mutter hat extra auf Eva gewartet, damit Eva nicht allein essen muss.	☐	☐
7.	Eva muss zwei Pfannkuchen mit Apfelmus essen.	☐	☐
8.	Die Mutter will mit Eva zu Tante Renate fahren.	☐	☐

Schreib mal!

E. **Dein Lieblingsessen.** Was ist dein Lieblingsessen? Wann hast du das zum letzten Mal gegessen? Was trinkst du gern dazu? Isst du das oft? Isst du das zu Hause, im Restaurant oder bei Freunden? Isst du das mit anderen Menschen oder allein? Kochst du oder kochen andere? Schreib dazu sechs bis acht Sätze.

_____

_____

_____

_____

_____

_____

_____

_____

_____

_____

_____

_____

_____

_____

_____

_____

_____

_____

_____

_____

WIEDERHOLUNG 5

VIDEOTHEK

Was fehlt? Hör zu und setze die fehlenden Wörter ein.

HERR SCHÄFER: Na, wie gefällt _____[1] Hamburg?

MICHAEL: Ja . . .

HERR SCHÄFER: Na, _____[2] Sie hier niemand?

MICHAEL: Nein, ich kenne hier niemanden.

HERR SCHÄFER: Vor 20 Jahren bin ich auch ganz allein nach Hamburg _____.[3] Nein, stimmt gar nicht. Vor 23 Jahren. Mein Gott, wie die Zeit vergeht. Aber jetzt will ich nicht mehr weg von Hamburg. Wissen Sie was? Am _____[4] kommen Freunde zu _____[5] zum _____[6] nach Hause. Kommen Sie doch auch vorbei!

MICHAEL: Ja, gerne, vielen Dank!

HERR SCHÄFER: Ich _____[7] selbst. Ich bin nämlich Hobbykoch.

VOKABELN

A. Was man im Restaurant so hört. Hör zu und ergänze die Lücken mit Wörtern, die du hörst.

1. Wir haben morgen leider _____.

2. Unsere _____ ist heute Hummer mit Kartoffeln.

3. _____ Sie das doch einmal.

4. Ich bin nun so _____.

5. _____, bitte!

6. Der Schweinebraten _____ aber wirklich gut!

7. Der Käsekuchen ist fabelhaft. _____ mal!

8. Was _____ sein?

B. Was für ein Tag! Lies den Brief und ordne alle Wörter, die du finden kannst, den Kategorien zu.

Liebe Jana,

ich muss dir etwas Tolles erzählen. Am Samstag hat mein Chef uns alle zu einer Schiffsfahrt auf dem Rhein eingeladen. Was für ein Tag! Das Schiff war sehr alt, klein und sehr gemütlich. Die Besatzung bestand nur aus dem Kapitän, dem Ersten Offizier und einem Koch. Der Erste Offizier war unser Kellner. Der Koch ist ein guter Freund meines Arbeitgebers, und er kommt aus der Türkei. Deshalb wurden uns viele türkische Spezialitäten serviert. Als Vorspeise mussten wir alle eine Suppe mit Krabben und ganz viel Knoblauch probieren. Mir hat sie sehr gut geschmeckt. Danach folgte das Hauptgericht. Wir konnten zwischen Forelle oder Lachs mit verschiedenen Beilagen, wie zum Beispiel Reis, Pommes frites oder Kartoffeln wählen. Einige meiner Mitarbeiter mögen keinen Fisch. Für sie gab es entweder eine große Gemüseplatte mit Champignons, Erbsen, Möhren, Bohnen und Sauerkraut oder Kebab mit Schweinefleisch. Herr Schmolke, mein Chef, hat die Gelegenheit genutzt. Er kam an meinen Tisch und hat mit mir geredet. Er hat sich für meine Karrierepläne interessiert und mich gefragt, ob ich mich nach meiner Ausbildung um einen festen Arbeitsplatz in seiner Firma bewerben möchte. Toll, nicht! Außerdem habe ich an diesem Tag zum ersten Mal alle anderen Mitarbeiter und Mitarbeiterinnen kennen gelernt. Sie wollten viel über die Berufsschule und meinen Lebenslauf wissen. Ich habe sie nach ihren Tätigkeiten gefragt. Das war sehr interessant.

Dein Uwe

SCHIFF	ESSEN UND TRINKEN	BERUF / FIRMA
alt	türkische Spezialitäten	Herr Schmolke

STRUKTUREN

 A. Wem gehört was? Nach dem großen Winterurlaub mit der ganzen Familie versucht Herr Lücke, die Sachen wieder zu ordnen. Hör zu und kreuze an, wem was gehört.

	SOHN	TOCHTER	FRAU	TANTE	VETTER	NACHBARN
(socks)	☐	☐	☐	☐	☐	☐
(top hat)	☐	☐	☐	☐	☐	☐
(cap)	☐	☐	☐	☐	☐	☐
(coat)	☐	☐	☐	☐	☐	☐
(boots)	☐	☐	☐	☐	☐	☐
(shirt)	☐	☐	☐	☐	☐	☐

 B. Wem gehört das? Beantworte jetzt die Fragen, die du hörst, im Genitiv.

Du hörst: Wessen Socken sind das?
Du sagst: Das sind die Socken der Tante.
Du hörst: Das sind die Socken der Tante.

   1. . . .   2. . . .   3. . . .   4. . . .   5. . . .

C. Ernährungsratschläge. Gib den Leuten Ratschläge fur eine gesunde Ernährung. Schreib Sätze im Imperativ.

MODELL: Frau Liebhardt: doch mal ein Heringsbrötchen essen →
Essen Sie doch mal ein Heringsbrötchen!

1. Gerd: auch mal ein Heringsbrötchen essen

_____

2. Herr Schimanski: doch mal keine Currywurst nehmen

_____

3. Herr und Frau Ellenberger: bitte den Kindern keine Hamburger geben

_____

4. Babsi und Ricardo: nicht so oft Pommes frites kaufen

_____

5. Maria: nicht immer Bratkartoffeln bestellen

_____

D. Erich Kästners Leben. Erich Kästner ist ein bekannter deutscher Autor. Schau dir seinen Lebenslauf an und schreib Sätze im Perfekt.

Erich Kästner

Beruf Schriftsteller

1899 In Dresden geboren

1919 Abitur

1919 Studium der Germanistik, Geschichte
      und Philosophie

1923 Erstes Kinderbuch: „Emil und die Detektive"

1931 „Pünktchen und Anton", „Fabian"

1933 kritisiert Nazis; von der Gestapo verhaftet

1950 Bundesfilmpreis

1965 Reden gegen den Vietnamkrieg

1974 Stirbt in München

MODELL: 1919 (das Abitur machen) →
Er hat 1919 das Abitur
gemacht.

1. 1919 (studieren):

_____

_____

2. 1923 (schreiben):

_____

_____

3. 1933 (kritisieren):

_____

_____

4. 1950 (bekommen):

_____

_____

5. 1974 (sterben):

_____

_____

AM WOCHENENDE

VIDEOTHEK

A. Ein typisches Wochenende. Wie verbringen Deutsche das Wochenende? Professor Di Donato erzählt. Hör zu und setze die fehlenden Wörter ein.

1. _____ ohne Hetze am Samstagmorgen.

2. Rasenmähen und ein _____ Gespräch mit dem _____.

3. Und etwas Zeit, um sich zu erholen, zu _____.

4. Und _____ zum Kaffeetrinken _____.

5. Danach vielleicht ein Fußballspiel im _____ _____.

6. Und nicht zu vergessen, den Müll _____ und _____

   _____.

B. Was machen diese Personen am Wochenende? Wer sagt das, Daniela, Gürkan oder Iris? Hör zu und kreuze an.

	DANIELA	GÜRKAN	IRIS
1. Man kann nicht sagen, dass ich jede Woche das Gleiche mache.	☐	☐	☐
2. Wir gehen zum Beispiel auf den Spielplatz oder ins Schwimmbad.	☐	☐	☐
3. Ich esse länger Frühstück, ich geh' meistens spazieren, ich gehe sehr gern ins Kino.	☐	☐	☐
4. Am Wochenende schlafe ich am liebsten lange.	☐	☐	☐
5. Letzte Woche zum Beispiel habe ich ein türkisches Theater besucht.	☐	☐	☐
6. Normalerweise am Wochenende müssen wir erst einmal einkaufen.	☐	☐	☐

VOKABELN

A. **Was machen diese Leute am Wochenende?** Hör zu und kreuze die Aktivitäten an.

	CORINNA	FALK	CONNY
Fußball spielen	☐	☐	☐
für Freunde kochen	☐	☐	☐
einkaufen	☐	☐	☐
lange schlafen	☐	☐	☐
joggen	☐	☐	☐
Basketball spielen	☐	☐	☐
trainieren	☐	☐	☐
Freunde anrufen	☐	☐	☐
lesen	☐	☐	☐
Billard spielen	☐	☐	☐
in die Sporthalle gehen	☐	☐	☐
Musik hören	☐	☐	☐
tanzen	☐	☐	☐

B. **Karinas Mahlzeiten.** Karina erzählt, was sie gestern gegessen und getrunken hat. Hör zu und kreuze die richtigen Zeiten an.

	ZUM FRÜHSTÜCK	ZUM MITTAGESSEN	NACHMITTAGS	ZUM ABENDESSEN
Brot mit Käse und Tomaten	☐	☐	☐	☐
Brötchen mit Marmelade	☐	☐	☐	☐
ein Glas Milch	☐	☐	☐	☐
Tee	☐	☐	☐	☐
Kuchen und Plätzchen	☐	☐	☐	☐
Saft	☐	☐	☐	☐
Salat und Pommes frites	☐	☐	☐	☐
Wasser	☐	☐	☐	☐

C. **Wann hat sie das gegessen?** Sieh dir die Aktivität B nochmal an und beantworte die Fragen, die du hörst.

Du hörst: Wann hat Karina Brot mit Käse und Tomaten gegessen?
Du sagst: Brot mit Käse und Tomaten hat sie zum Abendessen gegessen.
Du hörst: Natürlich. Brot mit Käse und Tomaten hat sie zum Abendessen gegessen.

   1. . . .   2. . . .   3. . . .   4. . . .   5. . . .   6. . . .   7. . . .

D. Wo kauft man . . . ? Beantworte die Fragen, die du hörst.

Du hörst: Wo kauft man Aspirin?
Du sagst: Aspirin kauft man in der Apotheke.
Du hörst: Aspirin kauft man in der Apotheke, klar.

> im Kaufhaus
> in der Bäckerei
> in der Buchhandlung
> in der Konditorei
> in der Metzgerei
> in der Apotheke

1. . . . 2. . . . 3. . . . 4. . . . 5. . . .

 E. Was essen und trinken diese Personen gern? Schau auf die Tabelle und beantworte die Fragen, die du hörst.

Du hörst: Was isst Renate gern?
Du liest: kalte Pizza
Du sagst: Sie isst gern kalte Pizza.
Du hörst: Ja, sie isst gern kalte Pizza.

	Renate	Niko	Anja	Basti	Dana	Thomas
frische Brötchen		X				
warme Plätzchen						X
kalte Pizza	X					
kalte Milch				X		
heißen Tee			X			
warmes Brot					X	

1. . . . 2. . . . 3. . . . 4. . . . 5. . . .

F. Jens schreibt Tagebuch. Nummeriere die Sätze in einer logischen Reihenfolge von 1 bis 9.

____ Nach der Schule war ich sehr müde.

____ Natürlich bin ich nach einer Weile eingeschlafen.

_1_ Heute Morgen bin ich sehr spät aufgestanden.

____ Es war mein Plan, nur ein wenig zu dösen.

____ Meine Mutter hat mich geweckt, als sie nach Hause kam.

____ Ich habe mich hingelegt.

____ Ich musste mich sehr schnell waschen.

____ Dann bin ich trotzdem spät zur Schule gekommen.

____ Ich habe mich sehr geärgert, da ich das Fußballspiel meiner Schulmannschaft verschlafen habe.

G. Wie ist es in Deutschland? Kleidung in Deutschland und Nordamerika. Setze die richtigen Wörter ein.

Im Vergleich zu Amerika ist Kleidung in Deutschland ziemlich teuer. Allerdings gibt es auch hier in den _____ [1] [Kaufhäusern, Märkten] oft _____ [2] [Sonderangebote, Ausverkäufe]. Diese werden durch besondere _____ [3] [Farben, Schilder] ausgewiesen. Eine bessere und billigere Alternative dazu bietet der sogenannte „Werksverkauf". Wie der Name schon sagt, werden die Kleidungsstücke direkt im _____ [4] [Werk, Fabrik] verkauft. Diese Art des Verkaufs findet das ganze Jahr über statt. Ein Vorteil für die Kunden ist, dass sie nicht _____ [5] [Schlange stehen, Auto fahren] müssen. So muss sich keiner der Kunden _____ [6] [ärgern, hinlegen].

H. Wo kann man was kaufen? Bilde Sätze.

MODELL: die Drogerie: → In der Drogerie kann man Kosmetik kaufen.

Kuchen und Plätzchen
Brot und Brötchen
Kleidungsstücke
Bücher
~~Kosmetik~~
Wurst und Speck
Kopfschmerztabletten

1. die Metzgerei: _____

_____

2. die Buchhandlung: _____

_____

3. die Apotheke: _____

_____

4. die Bäckerei: _____

_____

5. die Konditorei: _____

_____

6. das Kaufhaus: _____

_____

I. Was machen diese Personen in ihrer Freizeit? Bilde Sätze.

den Rasen mähen ~~joggen~~

das Auto waschen

sich das Fußballspiel ansehen

dösen   auf der Terrasse sitzen

Frau Hackpfüffel

1. Mareike

2. Ender, Matteo und Horst

3. Peter

4. Herr Niendorf

5. Familie Dittersbach

MODELL: Frau Hackpfüffel joggt.

1. _____

2. _____

3. _____

4. _____

5. _____

J. Was isst du zum Frühstück, Mittagessen und Abendbrot? Formuliere Sätze.

Zum Frühstück esse ich _____

_____

_____

_____

_____

_____

_____

Zum Mittagessen esse ich _____

_____

_____

_____

_____

_____

_____

_____

Und zum Abendessen esse ich _____

_____

_____

_____

_____

_____

_____

_____

STRUKTUREN

· ·

A. Im internationalen Supermarkt. Hör zu, was Frau Müller-Lüdenscheid im internationalen Supermarkt kauft, und markiere, aus welchem Land welche Sachen kommen.

1. ____ Tomaten
2. ____ Tee
3. ____ Brot
4. ____ Kaffee
5. ____ Käse
6. ____ Plätzchen
7. ____ Milch

    a. Italien
    b. Frankreich
    c. Schweiz
    d. Kenia
    e. Schweden
    f. Indien
    g. Holland

B. Im Modehaus Hache. Hör zu und ergänze die fehlenden Wörter.

VERKÄUFERIN: Guten Morgen. Kann ich Ihnen helfen?

HERR MOLLIG: Ja, wie viel kostet _____[1] Hemd?

VERKÄUFERIN: Ja, _____[2] Hemd meinen Sie denn?

HERR MOLLIG: _____[3] Hemd da drüben.

VERKÄUFERIN: Ah, unsere Sommerkollektion. _____[4] Hemd kostet 78 Euro.

HERR MOLLIG: Das ist mir zu teuer. Was für Krawatten haben Sie denn?

VERKÄUFERIN: Diese hier zum Beispiel, eine schöne Farbe. Aber _____[5] Krawatten sind nicht

                   ganz billig. _____[6] Krawatte kostet 176 Euro.

HERR MOLLIG: Wie bitte? Sie wollen mich wohl ärgern! Und was kostet _____[7] Hut hier?

VERKÄUFERIN: _____[8] Hüte kosten 99 Euro.

HERR MOLLIG: Also, tut mir Leid. _____[9] Preise sind mir einfach zu hoch.

C. Jetzt bist du Verkäufer oder Verkäuferin im Modehaus Hache. Die Kunden fragen dich nach den Preisen. Hör zu und antworte.

Du hörst: Was kosten die Blusen?
Du sagst: Jede Bluse kostet 45 Mark.
Du hörst: Jede Bluse kostet 45 Mark.

MODEHAUS HACHE
GROSSER WINTERSCHLUSSVERKAUF!!!

JEDE **BLUSE** NUR DM **45,-**   JEDES **HEMD** DM **55,-**   JEDER **ANORAK** DM **124,-**

JEDER **PULLOVER** DM **39,-**   JEDES **KLEID** DM **87,-**   JEDER **MANTEL** DM **299,-**

MODEHAUS HACHE – SIEGESSTRASSE 19 – MÜNCHEN

---

1. ...   2. ...   3. ...   4. ...   5. ...

 D. Wo kaufe ich das? Hör zu und beantworte die Fragen.

Du hörst: Wo kaufe ich eine Fahrkarte?
Du liest: der Bahnhof
Du sagst: Die kaufst du im Bahnhof.
Du hörst: Die kaufst du im Bahnhof.

1. die Metzgerei
2. der Supermarkt
3. die Apotheke
4. die Bäckerei
5. die Drogerie

 E. Wohin soll ich genau gehen? Hör zu und sag, wohin man am besten geht.

Du hörst: Und in welchen Bahnhof soll ich gehen?
Du liest: der Hauptbahnhof
Du sagst: Geh in den Hauptbahnhof!
Du hörst: Geh in den Hauptbahnhof!

1. die Metzgerei „Speckbauch"
2. der Supermarkt „Quengelmann"
3. die Apotheke „Keuch & Hust"
4. die Bäckerei „Brezenheim"
5. das Kaufhaus „Wühl und Söhne"
6. die Drogerie „Seifenmeier"

F. Unterwegs in der Stadt. Wo sind diese Personen jetzt, und wohin gehen sie später? Ergänze die Sätze mit **in der, in die, ins, in den** oder **im**.

MODELL: Jetzt ist Michael _____in der_____ Bäckerei; bald geht er aber in

_____in die_____ Buchhandlung.

1. Jetzt ist Frau Horn _____ Metzgerei; gleich geht sie _____

Supermarkt.

2. Im Moment ist Conny _____ Kaufhaus; in ein paar Minuten geht sie

_____ Bäckerei.

3. Momentan ist Ulla _____ Apotheke; später geht sie _____ Kaufhaus.

4. Im Augenblick ist Herr Ülgür _____ Buchhandlung, aber in einer Minute geht er

_____ Metzgerei.

G. Haus zu vermieten. Schau dir die Anzeige an und schreib Fragen mit **was für (ein)**.

AUGSBURG

GROSSES HAUS ZU VERMIETEN

moderne Küche, antike Möbel

Renoviertes Bad mit neuer Dusche

Großer Garten und gemütliches Wohnzimmer

DM 1650/Monat inkl. ab sofort — Tel.: 08142/8712 Herr Weisshappel

MODELL: *Was für ein Haus ist es?* _____

Es ist ein großes Haus.

1. _____?

Das Haus hat eine moderne Küche.

2. _____?

In dem Haus sind antike Möbel.

3. _____?

Das Haus hat ein renoviertes Bad.

4. _____?

Das Haus hat eine neue Dusche.

5. _____?

Das Haus hat einen großen Garten.

6. _____?

Das Haus hat ein gemütliches Wohnzimmer.

H. Das neugierige Kind. Das Kind von Herrn und Frau Fischer hat viele Fragen. Ergänze die richtigen Endungen.

KIND: Welch__e__ Farbe gefällt dir am besten, Mama?

MUTTER: Mir gefallen all____[1] Farben. Ich finde jed____[2] Farbe schön.

KIND: Papa, ist jed____[3] Apfel grün?

VATER: Nein, es gibt auch solch____[4] Äpfel, die rot sind.

KIND: Aber all____[5] Tomaten sind rot, oder?

MUTTER: Manch____[6] Tomaten sind noch grün.

KIND: Warum schmeckt dies____[7] Milch so komisch?

VATER: Oh, ich glaube, sie ist sauer geworden, weil du so viele Fragen hast.

I. Rotkäppchen und der hungrige Wolf. Schau dir den Cartoon an und schreib ganze Sätze mit den Elementen.

1. Rotkäppchen / gehen / in / der Supermarkt

   _____

2. auf / die Einkaufsliste / stehen / Salat und Äpfel

   _____

3. sie / kaufen / auch italienischen Essig (*vinegar*) / in / der Supermarkt

   _____

   _____

4. sie / legen / der Salat und die Äpfel / in / der Korb

   _____

5. der italienische Essig / stehen / in / der Korb

   _____

6. Rotkäppchen / fahren / mit / das Auto / zu / die Großmutter

   _____

   _____

7. sie / kommen / in / das Haus und / gehen / an / das Bett

   _____

8. ein Apfel / fallen / auf / der Boden

   _____

9. der böse Wolf / liegen / in / das Bett / und / dösen / unter / die Bettdecke

   _____

   _____

10. die Kerze / stehen / auf / der Tisch

    _____

11. der Wolf / nehmen / der Korb / und / essen / der Salat mit Essig

    _____

    _____

12. man / können / der Wolf / sogar / in / der Wald / hören

    _____

    _____

13. der Wolf / hinlegen / sich / wieder

    _____

14. Rotkäppchen / gehen / vor / das Haus / und / suchen / die Großmutter

    _____

    _____

EINBLICKE

A. Ein großes Fitness-Studio. Du hörst einen Bericht über das größte Fitness-Studio der Welt. Was gibt es im Fitness-Studio Meridian? Hör zu und kreuze an.

- ☐ Box-Arena
- ☐ verschiedene Saunen
- ☐ Schwimmbad
- ☐ Eisbahn
- ☐ Sonnenstudios
- ☐ Restaurants
- ☐ Diskos
- ☐ Trainer-Akademie
- ☐ Kinderparadies
- ☐ Außen-Pool

B. Und noch dazu. Du hörst den Bericht noch einmal. Wie viele Kurse, Etagen, Mitglieder gibt es in der Meridian-Anlage in Hamburg? Hör zu und finde für jeden Begriff die richtige Nummer im Kasten.

Es gibt . . .

1. _____ Quadratmeter.
2. _____ Kurse jede Woche.
3. _____ Etagen.
4. _____ Trainingsgeräte.
5. _____ Mitglieder.
6. _____ Besucher jährlich mit Tageskarte.
7. _____ Mitarbeiter.

fast 400
15 000   10 000
über 400
6   40 000
über 280

C. Beschreibe ein Fitness-Studio aus deiner Stadt. Die Informationen oben helfen dir bei der Beschreibung.

Im Fitness-Studio _____ gibt es _____

_____.

Das Fitness-Studio _____ hat _____

_____

PERSPEKTIVEN
· ·

Hör mal zu!

 A. Was fehlt? Hör zu und ergänze die Lücken.

Was machen diese Leute gewöhnlich am Wochenende?

WERNER: Am _____[1] unternehme ich typischerweise erst mal etwas mit meinen

Freunden. Am _____[2] würden wir vielleicht nach Hannover fahren und

vielleicht in eine _____[3] gehen. Wir haben viele Möglichkeiten, denn es

gibt in Hannover viel zu tun. Samstagmorgens muss ich _____[4]

aufstehen und dann vier bis fünf Stunden arbeiten. Nachmittags schlafe ich dann ein bisschen.

Und am Abend gehe ich wieder mit meinen Freunden aus. Am Sonntag muss ich dann auch

manchmal mit Gartenarbeit aushelfen.

SARA: Am Wochenende schlafe ich viel. Von Montag bis Freitag muss ich

_____.[5] Aber am Samstag und Sonntag kann ich länger

_____.[6] Ich kann machen, worauf ich Lust habe. Das heißt, ich

frühstücke bis zehn Uhr. Ich gehe oft im Park spazieren. Zweimal im

_____[7] gehe ich auf den Wochenmarkt. Abends treffe ich mich sehr oft

mit Freunden.

DORIS: An einem Wochenende, das mir gefällt, werde ich nicht _____,[8] ich

werde nicht einkaufen, sondern ich werde meine _____[9] treffen. Ich

werde ein gutes _____[10] lesen. Und ich werde versuchen, spazieren zu

gehen und vielleicht ins Museum zu gehen und die Ausstellung zu sehen, die ich nie sehen

konnte.

 B. Einzelheiten. Du hörst den Text noch einmal. Beantworte dann die Fragen, die du hörst.

1. . . .   2. . . .   3. . . .   4. . . .   5. . . .   6. . . .   7. . . .

Lies mal!

C. Wie funktioniert eine Reklame? Was ist für eine gute Reklame wichtig? Kreuze Adjektive und Substantive an, die du mit Reklamen assoziierst.

- ☐ schwarz und weiß
- ☐ Musik
- ☐ Farbe
- ☐ lustig
- ☐ positiv
- ☐ dunkel
- ☐ glücklich
- ☐ kalt
- ☐ traurig
- ☐ negativ
- ☐ Frage
- ☐ Antwort
- ☐ sorgenvoll
- ☐ Stille

Du liest jetzt ein Gedicht von Ingeborg Bachmann.

Wortschatz zum Lesen

die Reklame	*advertisement*	der Schauer	*shudder*
die Sorge	*worry*	die Traumwäscherei	*laundry of dreams*
angesichts	*in light of*	die Totenstille	*dead silence*
unsre	= unsere	eintritt	*enters*

TIPP ZUM LESEN

A poem sometimes expresses an idea as much through its appearance on the page as through the meanings of the words in the poem. While you are reading this poem, pay attention to how the lines and words appear on the page. First, read only the italicized lines. Then, read only lines that are not italic. What sort of mood do the italicized lines suggest? What sort of mood do the rest of the lines suggest?

„Reklame"

Wohin aber gehen wir
ohne sorge sei ohne sorge
wenn es dunkel und wenn es kalt wird
sei ohne sorge
5 aber
mit musik
was sollen wir tun
heiter und mit musik
und denken
10 *heiter*
angesichts eines Endes
mit musik
und wohin tragen wir
am besten
15 unsre Fragen und den Schauer aller Jahre
in die traumwäscherei ohne sorge sei ohne sorge
was aber geschieht
am besten
wenn Totenstille
20 eintritt

Ingeborg Bachmann (1926–1973)

D. Zum Text.

1. Was bedeutet der Titel des Gedichts?

   _____

   _____

2. Einige Wörter sind falsch geschrieben (sie sind kleingeschrieben, obwohl der Anfangsbuchstabe
   großgeschrieben werden sollte). Welche sind es?

   _____

   _____

3. Wie viele Fragen kannst du in diesem Gedicht finden? Schreibe sie auf.

   _____

   _____

   _____

   _____

   _____

   _____

   _____

   _____

Schreib mal!

E. Deine Reklame. Wähle ein Produkt für eine Reklame, z. B. für ein Auto, für Kleidung, für Lebensmittel, für Elektrogeräte, usw. Dann denke an diese fünf Fragen und schreib die Ideen für deine Reklame auf.

MODELL:

1. Was für ein Produkt ist das?	*Marmelade*
2. Welche Wörter willst du benutzen?	*schmecken, echt super, gemütlich, froh, schön*
3. Was soll man sehen?	*Eine Familie frühstückt gemütlich und froh. Das Wetter ist schön.*
4. Was soll man hören?	*Kind sagt: „Mutti, die Marmelade schmeckt echt super!"*
5. Was ist der Effekt?	*Wenn die Familie die Marmelade gern isst, dann kauft die Mutter die Marmelade.*

DEINE REKLAME:

1. Was für ein Produkt ist das?	
2. Welche Wörter willst du benutzen?	
3. Was soll man sehen?	
4. Was soll man hören?	
5. Was ist der Effekt?	

17 NACH THÜRINGEN?

VIDEOTHEK

A. Stimmt das oder stimmt das nicht? Hör zu und kreuze die richtige Antwort an.

	JA	NEIN
1. Nina ist Schülerin.	☐	☐
2. Herr Cornelius fährt mit dem Auto zur Arbeit.	☐	☐
3. Er kommt zwischen sechs und halb sieben nach Hause.	☐	☐
4. Frau Cornelius ist Krankenschwester.	☐	☐
5. Klara ist Studentin.	☐	☐

B. Herr Cornelius und Herr Ungermann. Wer sagt was? Hör zu und kreuze an.

	HERR CORNELIUS	HERR UNGERMANN
1. Aha, Kosma. Es ist ziemlich weit weg von Hamburg.	☐	☐
2. Was sind heute schon 400 Kilometer?!	☐	☐
3. Deshalb wollen wir auch Ihr Gehalt erhöhen.	☐	☐
4. Die kann nicht so einfach umziehen.	☐	☐
5. Die Firma braucht Sie jetzt in Thüringen.	☐	☐
6. Danke.	☐	☐

C. Wie sagt man das? Schreib die Antwort auf.

1. Wie fragt man jemanden, wie es geht?

_____

2. Wie bittet man um genaue Information?

_____

3. Wie sagt man, dass etwas weit weg ist?

_____

4. Wie überzeugt man jemanden?

_____

VOKABELN

A. Woher kommen diese Personen? Hör zu und kreuze die Bundesländer an.

	THÜRINGEN	NORDRHEIN-WESTFALEN	SACHSEN-ANHALT	MECKLENBURG-VORPOMMERN	RHEINLAND-PFALZ	NIEDERSACHSEN
1. Karsten	☐	☐	☐	☐	☐	☐
2. Arnhilt	☐	☐	☐	☐	☐	☐
3. Markus	☐	☐	☐	☐	☐	☐
4. Cornelia	☐	☐	☐	☐	☐	☐
5. Hagen	☐	☐	☐	☐	☐	☐
6. Mareike	☐	☐	☐	☐	☐	☐

B. Geographie-Quiz. In welchem Bundesland ist das? Schau auf die Landkarte von Deutschland und beantworte die Fragen, die du hörst.

Du hörst: In welchem Bundesland liegt Köln?

Du sagst: Das ist Nordrhein-Westfalen.

Du hörst: Ja, das ist Nordrhein-Westfalen.

1. . . .
2. . . .
3. . . .
4. . . .
5. . . .
6. . . .
7. . . .

C. Welches Fest? Wie nennt man das Fest? Hör zu und beantworte die Fragen mit Hilfe der Wörter unten.

Du liest und hörst:	Wir haben einen Tannenbaum mit Kerzen.
Du sagst:	Das Fest nennt man Weihnachten.
Du hörst:	Ja, das Fest nennt man Weihnachten.

> Oktoberfest
> Nikolaustag
> Chanukka
> Weihnachten
> ein Ball
> Fasching

1. Da gibt es Lebkuchen in den Stiefeln.
2. Da zieht man festliche Kleidung an und tanzt.
3. Da zieht man lustige Kostüme an.
4. Das feiert man in Bayern, in München.
5. Da zündet man die Kerzen der Menora an.

 D. Feiertage! Was findet dann statt? Hör zu und beantworte die Fragen.

Du hörst:	Was findet am 31. Dezember statt?
Du liest:	am 31. Dezember
Du sagst:	Das ist Silvester.
Du hörst:	Ach ja, das ist Silvester.

1. am zweiten Sonntag im Mai
2. am 6. Dezember
3. im September und Oktober
4. am 1. Januar
5. im Februar oder März
6. am 25. Dezember

> der Neujahrstag
> der Nikolaustag
> Oktoberfest
> ~~Silvester~~
> der Muttertag
> Weihnachten Fasching

E. Was passt? Verbinde jeden Satz mit einem passenden Verb.

1. ____ Markus ____ auf dem Ball.

2. ____ Doris ____ ihrer Mutter zum Geburtstag.

3. ____ Hans ____ den Baum mit Kerzen.

4. ____ Birgit ____ ihrer Oma gute Gesundheit.

5. ____ Fasching ____ im Februar oder März____.

6. ____ Zum Valentinstag ____ Burkhard seine Frau mit Blumen.

a. findet . . . statt
b. gratuliert
c. schmückt
d. tanzt
e. überrascht
f. wünscht

F. Aisha erzählt von ihrem Geburtstag. Setze die passenden Wörter ein.

In zwei Tagen habe ich meinen 25. Geburtstag. Was für ein Tag! Bei meinen Eltern findet eine Party statt. Mein Geburtstag _____[1] [bedeutet, trennt] sehr viel für mich. Ich weiß, dass sie das ganze Haus mit Ballons und Dekorationen _____[2] [schmücken, fließen]. Ich habe auch gehört, dass es eine riesige Torte mit vielen _____[3] [Kerzen, Urlauben] geben soll. Alle meine Freunde kommen und _____[4] [gratulieren, wünschen] mir. Sie wollen mich mit vielen Geschenken _____[5] [überraschen, stattfinden] und mir _____[6] [ein Lied, einen Umzug] singen. Ich freue mich schon sehr darauf, weil ich weiß, dass wir alle in einer _____[7] [traurigen, lustigen] Stimmung sind.

G. Was ist was? Ordne die Substantive den Erklärungen zu.

1. die Lorelei   a.   Linie, die zwei Länder trennt
2. das Spielzeug   b.   sie kann sich von einem Moment auf den anderen ändern
3. die Stimmung   c.   eine legendäre Figur, die am Rhein sitzt
4. der Umzug   d.   eine Pause von der Arbeit
5. der Urlaub   e.   Gebäck, das man meistens zur Weihnachtszeit isst
6. der Lebkuchen   f.   verschiedene Dinge, mit denen Kinder spielen
7. die Grenze   g.   viele lustige Menschen und Musik auf der Straße

H. Kleine Landeskunde. Benenne die Bundesländer.

1.   Schleswig-Holstein _____
2.   _____
3.   _____
4.   _____
5.   _____
6.   _____
7.   _____
8.   _____
9.   _____
10. _____
11. _____
12. _____
13. _____
14. _____
15. _____
16. _____

I. Was weißt du über Deutschland? Wähle die richtige Antwort.

1. ____ Wie heißt die Hauptstadt der Bundesrepublik Deutschland?
   a. München
   b. Berlin
   c. Köln

2. ____ Welches ist das kleinste Bundesland?
   a. Saarland
   b. Bremen
   c. Brandenburg

3. ____ Welches ist das größte Bundesland?
   a. Bayern
   b. Niedersachsen
   c. Sachsen

4. ____ Wie heißt die längste Gebirgskette in Deutschland?
   a. die Alpen
   b. das Erzgebirge
   c. Hunsrück

5. ____ Welcher Fluss fließt durch Berlin?
   a. die Donau
   b. der Rhein
   c. die Spree

6. ____ Wo findet das Oktoberfest statt?
   a. in München
   b. in Hamburg
   c. in Berlin

J. Informationen über Deutschland. Schau auf eine Landkarte von Deutschland und ergänze die Tabelle. Es gibt mehr als eine passende Antwort!

Bundesland	Eine grosse Stadt	Ein Gebirge oder ein Wald	Ein Fluss
1. Bayern			
2.	Dresden		
3.			Ruhr
4.		der Thüringer Wald	
5. Baden-Württemberg			
6.	Hannover		

STRUKTUREN

A. Zukunftspläne. Paul und Iris sprechen über ihre Zukunft. Kreuze an, wer was machen wird.

	PAUL	IRIS
Abitur machen	☐	☐
eine Stelle als Kauffrau haben	☐	☐
in Berlin wohnen	☐	☐
zwei Kinder haben	☐	☐
bei einer großen Firma arbeiten	☐	☐
ein Haus in den Bergen haben	☐	☐
um die Welt reisen	☐	☐
ein neues Auto kaufen	☐	☐
ein Praktikum in Italien machen	☐	☐
in einer Band Rockmusik spielen	☐	☐

B. Heute ist ein Feiertag und schulfrei. Hör zu und sag, was die Leute wohl gerade machen werden.

Du hörst: Max ist nicht in der Schule.
 Du liest: Max – fernsehen
Du sagst: Er wird wohl fernsehen.
Du hörst: Ach so, er wird wohl fernsehen.

	MAX	JUTTA	HERR WEHLEN	FLAVIA	BERND UND GÜNTHER	DIE LEHRERIN	CHRIS UND AXEL
in der Sonne liegen	☐	☐	☐	☐	☑	☐	☐
Computerspiele spielen	☐	☐	☐	☐	☐	☐	☑
noch schlafen	☐	☐	☐	☐	☐	☑	☐
fernsehen	☑	☐	☐	☐	☐	☐	☐
im See schwimmen	☐	☐	☐	☑	☐	☐	☐
im Café sitzen	☐	☐	☑	☐	☐	☐	☐
durch den Park laufen	☐	☑	☐	☐	☐	☐	☐

1. . . .   2. . . .   3. . . .   4. . . .   5. . . .   6. . . .

C. Morgen ist wieder Schule. Was werden die Leute dann machen?

Du hörst: Was wird Max morgen machen?
Du liest: Max: ein Buch von Erich Kästner lesen
Du sagst: Er wird ein Buch von Erich Kästner lesen.
Du hörst: Er wird ein Buch von Erich Kästner lesen.

1. Jutta: einen Film über den Holocaust sehen
2. Herr Wehlen: eine schwere Klausur geben
3. Flavia: Englischvokabeln lernen
4. Bernd und Günther: ins Sprachlabor gehen
5. die Lehrerin: ihren Schreibtisch sauber machen
6. Chris und Axel: eine Arbeit schreiben

D. Dieters Reise auf den Mars. Hör zu und ergänze die Adjektivendungen, die du hörst.

Dieter macht eine interessant____[1] Reise zum Mars. Auf dem

Mars gibt es ein hässlich____[2] Hotel und einen scheußlich____[3]

Park. Aber die gemütlich____[4] Restaurants heißen „Restaurant

Neptun" und „Gasthof Märschen". Hier kann man

komisch____[5] Essen bekommen und die exotisch____[6] Getränke

sind sehr preiswert. In dem klein____[7] „Restaurant Neptun"

sitzen viele grün____[8] Marsmenschen und es gibt auch einen groß____[9] Esstisch. Ein alt____[10]

grün____[11] Kellner bringt eine warm____[12] Limonade für Dieter. Da sieht Dieter eine schön____[13]

rot____[14] Wolke am Himmel. Bald fällt rot____[15] Regen vom Himmel. Dieter lacht laut. Dann schreibt

er einen lang____[16] Brief nach Hause.

E. Was hat Dieter auf dem Mars erlebt? Hör zu und beantworte die Fragen.

Du hörst: Was hat Dieter auf dem Mars gesehen?
Du liest: ein Hotel: hässlich
Du sagst: Er hat ein hässliches Hotel gesehen.
Du hörst: Ja, er hat ein hässliches Hotel gesehen.

1. einen Park: scheußlich   5. Marsmenschen: grün
2. Restaurants: gemütlich   6. eine Wolke: rot
3. Essen: komisch   7. Regen: rot
4. Getränke: exotisch

F. Wofür ist Bayern bekannt? Beantworte die Fragen mit Attributivadjektiven wie im Beispiel.

Du hörst: Man sagt, dass die Berge in Bayern schön sind.
Du sagst: Ja, Bayern ist für seine schönen Berge bekannt.
Du hörst: Bayern ist für seine schönen Berge bekannt.

1. ...   2. ...   3. ...   4. ...   5. ...

G. Was gibt es in diesen Bundesländern? Schreib Sätze mit den Informationen aus der Tabelle. Achte auf Adjektivendungen!

MODELL: In Thüringen gibt es schöne Burgen, das romantische Saaletal und den bekannten Erfurter Dom.

	THÜRINGEN	SCHLESWIG-HOLSTEIN	NORDRHEIN-WESTFALEN
die historische Stadt Lübeck	☐	☑	☐
die herrlichen Ostseebäder	☐	☑	☐
das schöne Sauerland	☐	☐	☑
schöne Burgen	☑	☐	☐
das romantische Saaletal	☑	☐	☐
die alte Universität in Münster	☐	☐	☑
der berühmte Kölner Dom	☐	☐	☑
der große Nationalpark „Wattenmeer"	☐	☑	☐
der bekannte Erfurter Dom	☑	☐	☐

1. In Schleswig-Holstein gibt es _____

_____

2. In Nordrhein-Westfalen gibt es _____

_____

H. Reisepläne. Wohin werden diese Leute nächstes Jahr reisen? Schreib Sätze mit Hilfe der Informationen aus der Tabelle.

	zum Oktoberfest nach München	in den Alpen	durch Baden
Gerd			fahren
1. ich		wandern	
2. wir	fahren		
3. du	fliegen		
4. ihr		zelten	
5. Lissy und Silke			eine Reise machen

MODELL: Gerd wird durch Baden fahren.

1. _____

2. _____

3. _____

4. _____

5. _____

I. Im Urlaub. Was werden diese Personen wohl im Urlaub machen?

MODELL: Gerd / in der Sonne liegen → Gerd wird wohl in der Sonne liegen.

1. ich / die schönen Berge sehen

_____

2. wir / in einem gemütlichen Gasthof sitzen

_____

3. du / die bekannte Frauenkirche besichtigen

_____

4. ihr / die Insel Rügen sehen

_____

5. Lissy und Silke / Karlsruhe besuchen

_____

J. Gut & Billig. Ergänze die Anzeige des Supermarkts mit den passenden Adjektiven aus der Liste.

> schwarzen   französischen   rote
> grünen
> frisches   gelbe   Frische

Willkommen bei

Gut & Billig

Heute haben wir _____[1] Obst und Gemüse.

Essen Sie doch mal wieder einen _____[2]

Apfel oder eine _____[3] Tomate.

Wir bieten Ihnen auch _____[4] Plätzchen

und _____[5] Käse.

Probieren Sie auch unsere Spezialitäten:

die _____[6] Zitronenmarmelade

oder den _____[7] Tee aus Indien.

Gut & Billig – 12-mal in der Stadt und immer in Ihrer Nähe!

K. Die Reise nach Heidelberg. Setze die fehlenden Adjektivendungen ein.

An einem warm____[1] Sommertag machte unsere Gruppe einen kurz____[2] Ausflug nach Heidelberg.

Heidelberg ist eine Stadt mit einer historisch____[3] Kirche, einem alt____[4] Rathaus und schön____[5]

Häusern. Auf einem klein____[6] Berg steht ein romantisch____[7] Schloss. Unterhalb des Schlosses gibt

es gemütlich____[8] Restaurants, wo man immer gut____[9] Essen bekommen kann. In der

Fußgängerzone gibt es nett____[10] Geschäfte und einen modern____[11] Supermarkt. Auf dem

berühmt____[12] Marktplatz gibt es viele Cafés, wo man frisch____[13] Kuchen bestellen kann. Man kann

auch ein interessant____[14] Museum besuchen oder in ein klassisch____[15] Konzert gehen.

L. Und deine Heimatstadt? Beschreibe deine Heimatstadt. Wie sieht sie aus, was kann man dort machen und sehen, essen und trinken? Schreib ungefähr sechs Sätze und benutze mindestens sechs attributive Adjektive.

_____

_____

_____

_____

_____

_____

_____

_____

_____

_____

_____

_____

_____

_____

_____

_____

_____

_____

_____

_____

EINBLICKE

· ·

A. Stimmt das oder stimmt das nicht? Du hörst eine alte Sage aus Thüringen von den Gebrüdern Grimm: „Friedrich Rotbart auf dem Kyffhäuser". Hör zu und kreuze die richtige Antwort an.

> ## Wortschatz zum Hörtext
>
> | | |
> |---|---|
> | die Sage | *saga* |
> | der Kyffhäuserberg | *a mountain in Thüringen* |
> | der Herrscher | *ruler* |
> | der Kreuzzug | *crusade* |
> | nickt | *nods* |
> | zwinkert | *blinks* |
> | der Schäfer | *shepherd* |
> | der Rabe | *raven* |

	JA	NEIN
1. Friedrich der Erste war ein deutscher Kaiser.	☐	☐
2. Er ist 1190 in der Schweiz gestorben.	☐	☐
3. Nach einer alten Sage soll er noch im Kyffhäuserberg schlafen.	☐	☐
4. Friedrich heißt auch Großbart und Barbarossa.	☐	☐
5. Wenn er wiederkommt, gibt es schlechte Zeiten.	☐	☐
6. Manchmal kommen Leute zu ihm in den Berg.	☐	☐
7. Er kommt nicht aus dem Berg heraus.	☐	☐
8. Gewöhnlich liegt er auf einer Bank an einem runden Tisch.	☐	☐
9. Sein weißer Bart ist sehr lang gewachsen.	☐	☐
10. Einmal fragte er einen Schäfer, ob Raben noch um den Berg fliegen.	☐	☐
11. Der Schäfer antwortete mit Nein.	☐	☐
12. Nun muss Friedrich noch hundert Jahre länger schlafen.	☐	☐

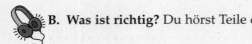

B. Was ist richtig? Du hörst Teile der Sage nochmal. Beantworte die Fragen, die du danach hörst.

1. im Jahre 1922 / im Jahre 1122
2. in der heutigen Schweiz / in der heutigen Türkei
3. in den bayerischen Alpen / im Kyffhäuserberg in Thüringen
4. Barbarossa / die Gebrüder Grimm
5. Rotbart / Blaubart
6. sitzt auf einer Bank, hält den Kopf in der Hand und schläft / fliegt mit den Raben um den Berg herum und wartet auf bessere Zeiten

C. Sagen und Legenden. Kennst du einen anderen Herrscher, der nicht gestorben sein soll, sondern auch nur schläft? Wenn du keinen kennst, erfinde einen!

_____

_____

_____

_____

_____

_____

_____

_____

_____

_____

_____

_____

_____

_____

_____

_____

_____

_____

_____

_____

_____

_____

_____

_____

_____

_____

_____

PERSPEKTIVEN
· ·

Hör mal zu!

A. Was fehlt? Hör zu, wie Mike über seine Suche nach einer Lehrstelle erzählt. Ergänze die Lücken.

INTERVIEWER: Tag, Mike. Können Sie uns bitte _____,[1] wie alt Sie sind?

MIKE: Ja sicher. Ich bin gerade _____[2] geworden.

INTERVIEWER: Und wo _____[3] Sie denn, Mike?

MIKE: Ich bin _____,[4] das heißt, ich such' eine Lehrstelle.

INTERVIEWER: Was für eine _____[5] haben Sie denn _____,[6] Mike?

MIKE: Ich habe _____[7] den Hauptschulabschluss gemacht—mit der

Durchschnittsnote 3.

INTERVIEWER: Und Sie suchen schon so lange nach einer _____[8]?

MIKE: Ja, eigentlich wollte ich Maurer werden, aber ich _____,[9] daraus wird jetzt

nichts mehr.

INTERVIEWER: Und warum glauben Sie das?

MIKE: Ich hab' in den letzten sieben Monaten 21 Absagen auf meine

_____[10] bekommen.

INTERVIEWER: Das ist ja eine ganze Menge. Warum, glauben Sie, ist das so?

MIKE: Eine _____[11] hat elf Mitarbeiter und zwei Lehrlinge. Sie

_____[12] keine neuen Lehrlinge. Eine andere hat 80

_____[13] im Jahr und nimmt davon nur acht Azubis.

INTERVIEWER: Ja, Mike, wenn Sie arbeitslos sind, wovon _____[14] Sie dann?

MIKE: Ich bekomme im Augenblick _____[15] Mark Kindergeld und 193 Mark

Sozialhilfe.

INTERVIEWER: Und was machen Sie den ganzen Tag?

MIKE: Morgens schau' ich gleich beim _____[16] den Videotext—die

Seite mit den Lehrstellen. Fast jeden Tag sind die _____[17] aber leer.

INTERVIEWER: Und danach?

MIKE: Im Augenblick mache ich den Führerschein. Ich _____[18] aber noch

nicht, wie ich den bezahlen werde. Manchmal spiele ich Darts mit

_____,[19] oder ich geh' zum Stammtisch.

B. Du hörst den Text noch einmal. Hör zu und beantworte die Fragen, die du hörst, mit Hilfe der Wörter unten.

1. ...
2. ...
3. ...
4. ...
5. ...
6. ...
7. ...

> 19
> 1995
> 21
> Kindergeld und Sozialhilfe
> den Führerschein
> eine Lehrstelle
> Maurer

Lies mal!

Eine andere Version der Rotbartsage. Oft gibt es verschiedene Variationen einer alten Geschichte, einer Sage oder eines Märchens. Du liest jetzt ein Gedicht von Friedrich Rückert (1788–1866) über Friedrich den Ersten.

Wortschatz zum Lesen

unterirdisch	*underground*	von Flachse	*of flax*
verborgen	*concealed, hidden*	von Feuersglut	here: *fiery red*
elfenbeinern	*made of ivory*	zwinkt	*blinks*
marmelsteinern	*made of marble*	winkt	*waves*
stützt	*supports*		

„Barbarossa"

I.
Der alte Barbarossa
Der Kaiser Friederich,
Im unterird'schen Schlosse
Hält er verzaubert sich.

Er ist niemals gestorben,
Er lebt darin noch jetzt;
er hat im Schloss verborgen
Zum Schlaf sich hingesetzt.

II.
Er hat hinabgenommen
Des Reiches Herrlichkeit,
Und wird einst wiederkommen
Mit ihr zu seiner Zeit.

Der Stuhl ist elfenbeinern,
Darauf der Kaiser sitzt;
Der Tisch ist marmelsteinern,
Worauf sein Haupt er stützt.

III.
Sein Bart ist nicht von Flachse,
Er ist von Feuersglut,
Ist durch den Tisch gewachsen,
Worauf sein Kinn ausruht.

Er nickt als wie im Traume,
Sein Aug' halb offen zwinkt;
Und je nach langem Raume
Er einem Knaben winkt.

IV.
Er spricht im Schlaf zum Knaben:
„Geh hin vors Schloss, o Zwerg,
Und sieh, ob noch die Raben
Herfliegen um den Berg.

Und wenn die alten Raben
Noch fliegen immerdar,
So muss ich auch noch schlafen
Verzaubert hundert Jahr'."

Friedrich Rückert (1788–1866)

C. Was passt zusammen? Welches Bild passt zu welchem Teil des Gedichts?

a. ____

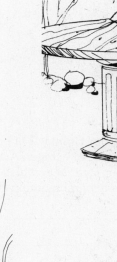

b. ____

c. ____

d. ____

D. Ein Vergleich. Vergleiche die zwei Geschichten über Friedrich Barbarossa. Was steht nur in der Geschichte der Gebrüder Grimm? Was steht nur im Gedicht von Friedrich Rückert? Was steht in beiden Versionen?

Grimm

Barbarossa hält den Kopf in der Hand.

_____
_____
_____
_____
_____

beide

Barbarossa ist nicht tot.

_____
_____
_____
_____

Rückert

Der Stuhl ist aus Elfenbein.

_____
_____
_____
_____

Schreib mal!

E. Sagen und Legenden aus der Heimat. Du bist Austauschschüler/in oder Austauschstudent/in im deutschsprachigen Ausland. Einige deiner neuen deutschen Freunde wollen, dass du Geschichten aus deiner Heimat erzählst. Welche Sagen und Legenden kennst du aus deiner Heimat? Was kannst du deinen neuen Freunden erzählen?

_____
_____
_____
_____
_____
_____
_____
_____
_____
_____
_____
_____
_____

18 DIE LÖSUNG

VIDEOTHEK

 A. In welcher Reihenfolge hörst du diese Sätze? Hör zu und nummeriere sie.

____ Aber wir leben doch gerne in Hamburg.   ____ Ich habe doch auch meine Arbeit.

____ Außerdem bekomme ich mehr Gehalt.   ____ Man muss flexibel sein.

____ Wie heißt der Ort noch mal?   ____ Wo ist denn Thüringen überhaupt?

 B. Was ist richtig? Herr Cornelius und Herr Lehmann essen zusammen zu Mittag und sprechen über den Umzug nach Thüringen. Hör zu und umkreise die richtige Antwort.

1. Es gibt ____.

   Mecklenburger Rostbratwürste / Thüringer Rostbratwürste

2. Herr Lehmann ____ auf Thüringen.

   freut sich / freut sich nicht

3. Herr Cornelius wünscht ____.

   gute Reise / guten Appetit

4. Frau Lehmann ____ nach Thüringen.

   geht mit / geht nicht mit

5. Herr Lehmann ist am Wochenende ____.

   in Hamburg / in Thüringen

C. Wer sagt was? Klaus, Daniela und Dirk reden über ihre Freizeitbeschäftigungen. Hör zu und beantworte die Fragen, die du danach hörst.

Wenn ich Freizeit habe, dann treffe ich mich sehr, sehr gerne mit meinen Freunden.

Ich spiele also gerne Basketball mit meinen Freunden.

Also mein Hauptinteresse ist die Musik.

1. . . .   2. . . .   3. . . .

VOKABELN

- -

A. Was erzählt Bodo? Setze die fehlenden Wörter ein.

Ich erzähle euch etwas über die _____ [1] von 1989. In der DDR gab es in

allen Städten große _____. [2] Die Menschen hatten eine schlechte

_____ [3] gegenüber der DDR. Wir hatten keine

_____, [4] _____ [5] und

_____. [6] Die _____ [7] fiel 1989. Danach veränderte

sich die _____ [8] zur _____. [9]

B. Definitionen. Du hörst Definitionen von den Wörtern unten. Sag die richtige Antwort.

Du hörst: Wie heißt das Recht, das zu sagen,
            was man glaubt oder für richtig hält?
Du sagst: Das ist die Meinungsfreiheit.
Du hörst: Das ist die Meinungsfreiheit.

> eine Demonstration
> eine Marktwirtschaft
> die Meinungsfreiheit
> eine Planwirtschaft
> die Pressefreiheit
> die Reisefreiheit
> die Währung

1. . . .   2. . . .   3. . . .   4. . . .   5. . . .   6. . . .

C. Familie Cornelius im Dilemma. Hör zu und setze die passenden Wörter ein.

Du liest: Der Umzug _____
Frau Cornelius Kopfschmerzen.
Du sagst und schreibst: Der Umzug verursacht Frau Cornelius
Kopfschmerzen.
Du hörst: Der Umzug verursacht Frau Cornelius
Kopfschmerzen.

> aufgeben   ~~verursacht~~
>
> ehemalige   freut
>
>   einverstanden
> bespricht   flexibel

1. Renate Cornelius möchte ihren Beruf nicht

   _____.

2. Die Familie _____ den Plan.

3. Nina _____ sich auf Thüringen.

4. Sie ist mit dem Plan _____.

5. Herr Cornelius muss beruflich _____ sein.

6. Er möchte in die _____ DDR ziehen.

D. Woher kommen diese Personen? Du hörst die Herkunft. Sag die passende Nationalität.

Du liest: Sophie
Du hörst: Sophie kommt aus Paris.
Du sagst: Sie ist Französin.
Du hörst: Ja, sie ist Französin.

1. Luigi
2. Natasha
3. Craig
4. Mieko
5. Alexej
6. Ami

E. Wie nennt man die Bewohner dieser Länder? Setze die richtigen Formen ein.

Land		Maskulin	Feminin
1. Italien	Singular		
	Plural		
2. Griechenland	Singular		
	Plural		
3. Schweiz	Singular		
	Plural		
4. Türkei	Singular		
	Plural		
5. England	Singular		
	Plural		
6. Deutschland	Singular		
	Plural		
7. Kanada	Singular		
	Plural		

F. Assoziationen. Was passt zusammen? Ordne die Wörter den Begriffen „Wirtschaft" oder „Einheit" zu.

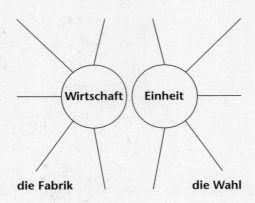

die Fabrik   die Wahl

die Marktwirtschaft   die Demonstration

die Wiedervereinigung

~~die Fabrik~~

die Planwirtschaft

die Meinungsfreiheit   ~~die Wahl~~

die Währung   die Berliner Mauer

G. Länder und Herkunft. Ergänze die Lücken.

1. Shai u Lee kommt aus _____. Sie ist Chinesin.

2. John kommt aus Kanada. Er ist _____.

3. Kim kommt aus _____. Sie ist Asiatin.

4. Domenique kommt aus Mexiko. Er ist _____.

5. Suomo kommt aus Indien. Sie ist _____.

6. Zikey kommt aus _____. Sie ist Afrikanerin.

H. Was passt wohin? Setze die richtigen Wörter ein.

> Wende   Demonstrationen   Behörden
> ehemaligen   Meinungsfreiheit
> Grenzübergänge   Wirtschaft   Berliner Mauer
> Pressefreiheit   demonstrierten   Reisefreiheit

1. Bevor es 1989 in Deutschland zur _____ kam, gab es viele

   _____.

2. Die Menschen in der _____ DDR waren mit ihrem Leben unzufrieden.

3. Das Land hatte nicht viel Geld und die _____ war sehr schwach.

4. Die Menschen _____ für drei wichtige Rechte: das Recht auf

   _____, _____ und _____.

5. Der Druck auf die DDR-_____ wurde so groß, dass sie am 9. November

   die _____ in den Westen öffneten.

6. Vielen bleibt diese Nacht als der Fall der _____

   _____ in Erinnerung.

I. Kennst du dich aus? Bilde vollständige Antworten aus den Angaben in Klammern.

MODELL: Was verbinden die Menschen mit dem Begriff „Reisefreiheit"? (Mobilität) →
          Mit dem Begriff „Reisefreiheit" verbinden die Menschen Mobilität.

1. Was tun junge Leute, um viele Informationen zu bekommen? (im Internet surfen)

   _____

2. Wie verbringen viele Jugendliche in Deutschland ihre Freizeit? (am Computer sitzen)

   _____

   _____

3. Auf welches Ereignis haben sich die Deutschen gefreut? (auf den Fall der Mauer)

   _____

   _____

4. Wofür haben die Menschen in der ehemaligen DDR demonstriert? (Pressefreiheit und
   Meinungsfreiheit)

   _____

   _____

STRUKTUREN

A. Entschuldigungen. Warum sind diese Personen nicht in die Schule gekommen? Kreuze an, wer welche Entschuldigung vorbringt.

	GUSTL	MARTHA	RAMIN	HERR FIEDLER	BRIGITTA	ARMIN
wegen des schlechten Wetters	☐	☐	☐	☐	☐	☐
wegen des kaputten Autos	☐	☐	☐	☐	☐	☐
wegen der schweren Grippe	☐	☐	☐	☐	☐	☐
wegen des vielen Schnees	☐	☐	☐	☐	☐	☐
wegen der kranken Tante	☐	☐	☐	☐	☐	☐
wegen der starken Kopfschmerzen	☐	☐	☐	☐	☐	☐

B. Die Reise nach Weimar. Hör zu, was Daniela über ihre Reise nach Weimar erzählt und ergänze die Lücken.

_____[1] der Reise nach Weimar war immer schlechtes Wetter. Unsere Pension

war ein bisschen _____[2] der Stadt, aber mit dem Bus waren wir in wenigen

Minuten _____[3] des Zentrums. Allerdings konnten wir das Goethe-Haus

_____[4] der vielen Touristen nicht besichtigen. Dafür haben wir eine tolle

Vorstellung von „Faust" im Nationaltheater gesehen, mit Siggi Moosgruber in der Titelrolle. So

hatten wir _____[5] des schlechten Wetters eine sehr schöne Zeit.

C. Wie war das? Hör jetzt zu und beantworte die Fragen über Danielas Reise.

Du hörst: Wann war immer schlechtes Wetter?
 Du liest: während
Du sagst: Während der Reise.
Du hörst: Ja, während der Reise.

   1. außerhalb   2. innerhalb   3. wegen   4. trotz

D. Die Einkaufsliste. Du willst mit deiner Familie essen, aber der Kühlschrank ist leer. Hör zu und kreuze an, was noch da ist und was nicht mehr da ist.

	DAS IST NOCH DA	DAS IST NICHT MEHR DA
Marmelade	☐	☐
Bananen	☐	☐
Wasser	☐	☐
Brötchen	☐	☐
Milch	☐	☐
Orangensaft	☐	☐
Salat	☐	☐

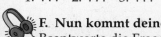 **E. Bist du schon beim Einkaufen gewesen?** Deine Eltern haben dich zum Einkaufen geschickt, aber du warst mit deinen Freunden im Park. Beantworte die Fragen deines Vaters mit **noch nicht**.

Du hörst: Bist du schon im Supermarkt gewesen?
Du sagst: Nein, ich bin noch nicht im Supermarkt gewesen.
Du hörst: Nein, ich bin noch nicht im Supermarkt gewesen.

   1. . . .   2. . . .   3. . . .   4. . . .

F. Nun kommt deine Mutter. Deine Mutter fragt, welche Sachen du schon gekauft hast. Beantworte die Fragen der Mutter mit **noch kein**.

Du hörst: Hast du schon Tee gekauft?
Du sagst: Nein, ich habe noch keinen Tee gekauft.
Du hörst: Nein, ich habe noch keinen Tee gekauft.

   1. . . .   2. . . .   3. . . .   4. . . .   5. . . .   6. . . .

G. Verspätungen. Du arbeitest am Münchner Hauptbahnhof und musst den Passagieren erklären, warum die Züge zu spät kommen. Benutze die Informationen aus dem Fahrplan und schreib Sätze mit **wegen**.

München Hauptbahnhof				
ZUG NR.	AUS	NACH	VERSPÄTUNG	GRUND
226	Leipzig	Paris	ca. 20 Min.	schlechtes Wetter
769	Stuttgart	Berlin	ca. 40 Min.	starker Regen
823	Wien	Nürnberg	ca. 25 Min.	eine große Demonstration
076	Prien/Chiemsee	Augsburg	ca. 10 Min.	technische Probleme
630	Hamburg/Altona	Rosenheim	ca. 15 Min.	ein kranker Passagier
211	Istanbul	Amsterdam	ca. 45 Min.	eine defekte Tür

MODELL: (226) Zug 226 aus Leipzig hat wegen des schlechten Wetters Verspätung.

(769) _____

_____

(823) _____

_____

(076) _____

_____

(630) _____

_____

(211) _____

_____

H. Warum wollen diese Leute reisen? Schreib Sätze mit **weil.**

MODELL: Martin will wegen der interessanten Museen nach Paris. →
Martin will nach Paris, weil es dort interessante Museen gibt.

1. Frau Krasnici will wegen der gemütlichen Restaurants nach Berlin.

   _____

   _____

2. Wir wollen wegen der alten Burg nach Nürnberg.

   _____

   _____

3. Onkel Heinz will wegen der schönen Altstadt nach Augsburg.

   _____

   _____

4. Ihr wollt wegen eines Eishockeyspiels nach Rosenheim.

   _____

   _____

I. In Baden-Württemberg. Schreib Sätze mit Genitivpräpositionen.

1. während / der Sommer / kommen / viele Menschen / nach Baden-Württemberg

   _____

   _____

2. wegen / die schöne Landschaft / wollen / viele Touristen / Wanderungen machen

   _____

   _____

3. auch außerhalb / die Hauptstadt Stuttgart / geben / es / viele bekannte Firmen

   _____

   _____

4. innerhalb / das Bundesland / geben / es / viele Industriestädte

   _____

   _____

5. trotz / die Industrie / geben / es / auch romantische Städte wie Heidelberg und Freiburg

   _____

   _____

J. Anruf aus Hollywood. Alex ruft seinen alten Freund Lukas in Recklinghausen an und erzählt ihm von seinem tollen Leben in Hollywood. Bei Lukas ist aber alles anders als bei Alex. Folge dem Modell und schreib negative Aussagen.

> Hallo, Lukas! Weißt du was? Ich wohne in Hollywood. Ich bin sehr glücklich. Ich habe ein großes Haus. Ich schlafe lange, und ich frühstücke um zwölf. Abends arbeite ich in einem Filmstudio. Ich verdiene viel Geld. Und nächstes Jahr kaufe ich einen neuen Porsche. Tschüss!

MODELL: Lukas wohnt *nicht* in Hollywood.

1. _____
2. _____
3. _____
4. _____
5. _____
6. _____

K. Bei der Psychiaterin. Alex geht in Hollywood zur Psychiaterin, weil er traurig ist. Er hat seine Arbeit verloren. Alles ist jetzt anders. Schreib Antworten mit **nicht mehr** oder **kein mehr**.

MODELL: PSYCHIATERIN: Haben Sie noch ein großes Haus?
          ALEX: Nein, ich habe kein großes Haus mehr.

PSYCHIATERIN: Wohnen Sie immer noch in Hollywood?

ALEX: 1. _____

_____

PSYCHIATERIN: Frühstücken Sie immer noch um zwölf?

ALEX: 2. _____

_____

PSYCHIATERIN: Arbeiten Sie noch im Filmstudio?

ALEX: 3. _____

_____

PSYCHIATERIN: Kaufen Sie noch einen neuen Porsche?

ALEX: 4. _____

_____

EINBLICKE

Berlin

A. **Hauptstadt Berlin.** Berlin besteht aus 23 Bezirken. Viele davon waren früher Städte. Du hörst Informationen über fünf Bezirke in Berlin: Charlottenburg, Prenzlauer Berg, Pankow, Mitte und Zehlendorf. Hör zu und schau auf die Karte. Wo liegen diese fünf Bezirke? Schreib die Namen der Bezirke hinter die Nummern.

DIE BERLINER BEZIRKE

1. _____

2. Tiergarten

3. Wedding

4. _____

5. Friedrichshain

6. Kreuzberg

7. _____

8. Spandau

9. Wilmersdorf

10. _____

11. Schöneberg

12. Steglitz

13. Tempelhof

14. Neukölln

15. Treptow

16. Köpenick

17. Lichtenberg

18. Weißensee

19. _____

20. Reinickendorf

21. Marzahn

22. Hohenschönhausen

23. Hellersdorf

B. Was passt? Du hörst den Text noch einmal. Kreuze an, in welchem Bezirk das ist.

	CHARLOTTENBURG	PRENZLAUER BERG	MITTE	PANKOW	ZEHLENDORF
1. Mietshäuser aus dem 19. Jahrhundert	☐	☐	☐	☐	☐
2. Ägyptisches Museum	☐	☐	☐	☐	☐
3. Pergamonmuseum	☐	☐	☐	☐	☐
4. Checkpoint Charlie	☐	☐	☐	☐	☐
5. Wannsee	☐	☐	☐	☐	☐
6. ein Schloss	☐	☐	☐	☐	☐
7. Alexanderplatz	☐	☐	☐	☐	☐
8. Schönhauser Allee	☐	☐	☐	☐	☐
9. Politiker, Intellektuelle und Künstler	☐	☐	☐	☐	☐
10. viel Wald und Seen	☐	☐	☐	☐	☐

C. Berlin—kunterbunte Kulturstadt. Vergleiche das kulturelle Angebot in deiner Stadt mit dem Angebot in Berlin.

In Berlin gibt es . . .	In _____ gibt es . . .
drei Opernhäuser,	_____
53 Theater,	_____
mehr als 100 Kinos,	_____
17 Orchester,	_____
300 Bibliotheken und	_____
18 Hochschulen mit über 130 000 Studenten.	_____
Berlin hat . . .	_____ hat . . .
zwei Tierparks,	_____
zwei Planetarien,	_____
zehn Schlösser und Gärten,	_____
170 Museen,	_____
1 300 Jazz- und Rockgruppen,	_____
2 000 Sportvereine und	_____
2,5 Millionen Touristen im Jahr.	_____

PERSPEKTIVEN

Hör mal zu!

A. Inge, Andrea und Lukas. Drei Personen erzählen über ihr Leben in der ehemaligen DDR. Hör zu und ergänze die Lücken.

INGE: Was die _____¹ angeht, würde ich sagen, war es früher in der DDR bei

uns einfacher. Also ich als Mutter hatte es dort wirklich viel _____.² Ich

und meine Tochter sind etwas behütet aufgewachsen, das heißt, der Staat versorgte die

_____.³ Vom Kindergarten an bis zur _____⁴

brauchte ich mich um nichts zu kümmern. Es ist jetzt schwieriger für mich als

_____⁵—ich war früher sehr selbständig erzogen, ich war sehr

emanzipiert in der DDR. Jetzt komme ich in den Hintergrund, weil es eine

_____⁶ ist.

ANDREA: Damals in der DDR gab es nicht so viele schöne Sachen. Schöne Sachen, das heißt sehr

_____⁷ und vielfältige Sachen. Manchmal war es auch schwierig, Sachen

zu bekommen, zum Beispiel _____⁸ oder Kindersachen. Jeans aus dem

Westen waren was ganz Besonderes.

LUKAS: Zu DDR-Zeiten konnten wir nicht so viel _____.⁹ Uns war nicht erlaubt,

in westliche Länder zu _____.¹⁰ Nur Länder, die dieselben politischen

_____¹¹ hatten, waren erlaubt. Das waren meistens die östlichen: Polen,

die Tschechoslowakei, Ungarn. Meine Eltern und meine _____,¹² wir

sind manchmal weggefahren. Wir waren in der Tschechoslowakei.

Lies mal!

Du liest jetzt etwas zur Geschichte der Bauhaus-Universität.
Diese Universität liegt in Weimar im Bundesland Thüringen.

Wortschatz zum Lesen

Bildhauer	*sculptors*
Jugendstil	*art nouveau*
gestalterisch	*creative*
bildende Kunst	*plastic arts*
Bauingenieurwesen	*structural engineering*
abermals	*once again*
umbenannt	*renamed*
das Bauwesen	*construction*

TIPP ZUM LESEN

When you are reading a text with unfamiliar vocabulary, look for compound words and roots of words that look at least partly familiar. In this text the word **Kunst** appears in many forms. You will remember from **Kapitel 11** that it means *art*. In **Kapitel 13** you learned that **Künstler** means *artist*. Knowing this, can you guess the English equivalent of the adjective **künstlerisch**? How about the word **Kunstschule**? Similarly, knowing that **Bau** means *construction* will help you in deciphering the many compounds in this text.

Die Bauhaus-Universität Weimar

Durch die Jahre hatte die Bauhaus-Universität Weimar viele verschiedene Namen. Großherzog Carl Alexander gründete im Jahre 1860 in Weimar eine Kunstschule, auf der nur Maler studieren durften. Ab 1910 durften dann auch Bildhauer dort studieren. Die künstlerische Darstellung der Natur war der Schwerpunkt des Studiums. In Weimar gab es auch eine Kunstgewerbeschule, die Henry van de Velde 1902 gegründet hatte. In seiner Schule war der Studienschwerpunkt die Idee des Jugendstils.

Aus diesen beiden Schulen machte Walter Gropius (1883–1969) das „Staatliche Bauhaus". Gropius war Architekt. Er wollte alle gestalterischen Disziplinen in einer Schule zusammenbringen. Wegen politischer Gründe konnte Gropius nicht in Weimar bleiben und zog mit seiner Arbeit nach Dessau, wo er 1925–1926 einen großen Bauhauskomplex baute.

Zwei Schulen blieben dann in Weimar zurück: die „Hochschule für Handwerk und Baukunst" (Nachfolger des Bauhauses) und die „Hochschule für Bildende Kunst", die sich schon 1921 wieder vom Bauhaus gelöst hatte.

1930 wurde daraus dann wieder eine Schule: die „Hochschule für Baukunst, bildende Künste und Handwerk".

1951 wurde die Abteilung bildende Künste aufgelöst und die Hochschule in „Hochschule für Architektur" umbenannt.

1954 führte man neue Disziplinen ein, wie Bauingenieurwesen und Städteplanung. Die Universität wurde abermals umbenannt in „Hochschule für Architektur und Bauwesen".

Aber das ist noch nicht das Ende der Geschichte. Nach der deutschen Wiedervereinigung (1989), auch Wende genannt, orienterte sich die Hochschule darauf, weltoffen und international zu werden. 1996 wurde sie in „Bauhaus-Universität Weimar" umbenannt.

In den Namen all dieser Schulen sieht man deutlich die Tendenz der Verschmelzung von Kunst und Technik, die bereits in der Idee des Bauhauses existierte.

 B. Definitionen. Finde diese Wörter im Text. Was bedeuten sie?

1. ____ der Schwerpunkt		a.	Repräsentation
		b.	Künstler, der Bilder malt
2. ____ die Baukunst		c.	Mischung, Fusion, Synthese
		d.	wie man Städte plant
3. ____ die Verschmelzung		e.	Architektur
4. ____ der Maler		f.	Akzent, wichtiger Punkt
5. ____ die Darstellung			
6. ____ die Städteplanung			

C. Stimmt das oder stimmt das nicht? Finde die Aussagen aus dem Text und kreuze die richtige Antwort an.

		JA	NEIN
1.	Die Bauhaus-Universität hatte viele Namen.	☐	☐
2.	Einer der bekanntesten Namen in der Geschichte der Universität ist Friedrich von Schiller.	☐	☐
3.	Walter Gropius war Bauingenieur.	☐	☐
4.	Walter Gropius gründete das Staatliche Bauhaus in Weimar.	☐	☐
5.	Gropius' Idee war die produktive Verbindung von Kunst und Technik.	☐	☐
6.	Die Bauhaus-Universität Weimar bekam diesen Namen 2 Jahre nach der Wende.	☐	☐

Schreib mal!

„VERSCHMELZUNG VON KUNST UND TECHNIK"

D. Kunstprojekte. Beschreibe ein Kunstprojekt, das du selbst durchgeführt oder das du gesehen hast. Wie hat man das Projekt durchgeführt? Wie hat es dann ausgesehen?

_____

_____

_____

_____

E. Technische Berufe. Welche technischen Berufe kennst du? Was tun Menschen in diesen Berufen? Wähle einen Beruf und beschreibe die Arbeit eines Menschen in dem Beruf ganz genau.

_____

_____

_____

_____

F. Architektur. Was tut ein Architekt? Was heißt das, wenn ein Architekt „Kunst und Technik" bei seiner Arbeit zur „Verschmelzung" bringt?

_____

_____

_____

_____

WIEDERHOLUNG 6

• •

VIDEOTHEK

• •

 Was sagen diese Personen? Setze die fehlenden Wörter ein.

FRAU CORNELIUS:	Na, Dieter. Hallo!
HERR SCHÄFER:	Hallo. Moment.
FRAU CORNELIUS:	Die sind wir los.

FRAU SCHÄFER: Wollt ihr keinen _____¹ haben?
HERR SCHÄFER: Na klar!
HERR CORNELIUS: Gern!
HERR SCHÄFER: Komm, komm, komm!
HERR CORNELIUS: Ach.
HERR SCHÄFER: Danke.
HERR CORNELIUS: Danke.

HERR SCHÄFER: Hattest du nicht auch _____² gebacken?

FRAU SCHÄFER: Wolltet ihr nicht _____³ machen, statt Sport zu _____⁴?

HERR SCHÄFER: Natürlich, nach dem _____.⁵

HERR CORNELIUS: Klar doch, nach dem Fußball gehen wir _____⁶!

FRAU SCHÄFER: (*Sie lacht.*)

FRAU CORNELIUS: _____⁷!
HERR SCHÄFER: Halt, Moment! Altglas! Weißglas. Altpapier.
HERR CORNELIUS: Weißglas. Dieter! Ich geb' einen aus.

VOKABELN

• •

 A. Was erzählt Nils? Umkreise die erwähnten Wörter.

das Auto	die Freizeit	joggen
das Brot	die Sporthalle	recyceln
das Brötchen	die Terrasse	Schlange stehen
das Fußballspiel	die Weile	waschen
das Schild	dösen	wecken
der Bäcker	frisch	

B. Landeskunde. Beantworte die Fragen mit Hilfe der Wörter in der Sprechblase.

am 3. Oktober 1990
am 9. November 1989
Berlin
Bremen
in Hamburg
in Bayern
in Thüringen

Du hörst: In welchem Bundesland liegt München?
Du sagst: München liegt in Bayern.
Du hörst: Ja, München liegt in Bayern.

1. . . .   2. . . .   3. . . .   4. . . .   5. . . .
6. . . .

C. Es tut mir Leid! Lies den Text und umkreise die passenden Ausdrücke.

1. Jetzt habe ich deinen Geburtstag total verdorben und alles nur, weil ich vom (Rasenmähen, Einschlafen) so (müde, traurig) war.

2. Anstatt heute Morgen gleich aufzustehen, bin ich noch liegen geblieben und habe (gehört, gedöst).

3. Eigentlich hatte ich geplant, dich mit (alten Socken, frischen Brötchen) zu überraschen.

4. Die (Einkaufsliste, Warteliste) für (das Warenhaus, den Laden) hatte ich mir schon geschrieben.

5. Es sollte ein ganz besonderes Frühstück mit frischer (Wurst, Wende), mit gekochten (Eiern, Bohnen) und Marmelade, Obst und Orangensaft werden.

6. Ich wollte dir eine (Postkarte, Torte) und (Kerzen, Grenzen) ans Bett bringen und den Frühstückstisch (festlich, beruflich) (schmücken, wecken).

7. Außerdem hatte ich Karten für das (Fußballspiel, Klavierspiel) deiner Lieblingsmannschaft. Aber du warst schon zur Schule gegangen.

D. Wortmix! Ordne die Substantive den passenden Kategorien zu.

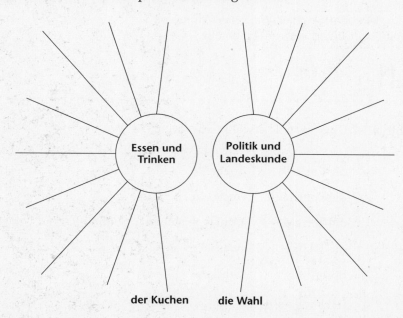

die Wahl	der Kuchen	das Plätzchen	die Afrikanerin
das Brötchen	der Einwohner	Schnitzel und Pommes frites	der Grenzübergang
der Thunfischsalat	die Währungsunion	die Milch	der Saft
die Marktwirtschaft	Wurst und Speck	der Gletscher	
die Alpen	die Behörden	der Reis	

E. Was passt? Markiere die richtige Antwort.

1. ____ München liegt in diesem Bundesland.

2. ____ Bärbel kommt aus Deutschland. Sie ist ____.

3. ____ Die Mauer war ____.

4. ____ Die Reste der Berliner Mauer stehen als Symbol für ____.

5. ____ Sie findet alle vier Jahre in der Bundesrepublik Deutschland

    statt.

6. ____ Mareike kommt aus der Schweiz. Sie ist ____.

a. die Wahl
b. die Grenze
c. in Nordrhein-Westfalen
d. die Wiedervereinigung
e. in Bayern
f. Schweiz
g. in Berlin
h. Deutsche
i. Deutscher
j. Schweizerin

STRUKTUREN

· ·

A. Zukunftsmusik. Was werden diese Leute wohl in der Zukunft machen? Hör zu und beantworte die Fragen mit den Informationen unten.

Du hörst: Wie stellt sich Wolf seine Zukunft vor?
Du liest: Wolf: Chef sein
Du sagst: Er wird wohl eines Tages Chef sein.
Du hörst: Er wird wohl eines Tages Chef sein.

1. Regine: auf einer griechischen Insel leben
2. Babsi und Ricardo: eine Reise nach Peru machen
3. Florian: Filmstar werden

4. Harald und Brigitte: ein Haus in der Toskana haben
5. Matthias: in Wien wohnen

B. Wohin geht Familie Wiedemann heute? Du willst wissen, wohin die Familie Wiedemann heute geht. Stell Fragen und mach dir Notizen.

Du liest: Herr Wiedemann
Du fragst: Wohin geht Herr Wiedemann heute noch?
Du hörst: Herr Wiedemann geht ins Theater.
Du schreibst: ins Theater

1. Bärbel: _____

2. Paulin und Thomas: _____

3. Frau Wiedemann: _____

4. Onkel Jürgen: _____

C. Tante Ella will wissen, wo die Familie ist. Beantworte ihre Fragen mit Hilfe der Liste oben.

Du hörst: Wo ist Herr Wiedemann?
Du sagst: Er ist im Theater.
Du hörst: Er ist im Theater.

1. . . .   2. . . .   3. . . .   4. . . .

D. Ein Interview. Beantworte die Fragen negativ und mit vollständigen Sätzen.

Du liest: Hast du schon ein großes Haus?
Du schreibst: Nein, ich habe noch kein großes Haus.

1. Wohnst du noch bei deinen Eltern?

    _____

2. Hast du schon ein Auto?

    _____

3. Ist dein Vater schon 100 Jahre alt?

    _____

E. Das stimmt nicht! Schreib das Gegenteil.

Du liest: Philip hat sich um eine neue Stelle beworben.
Du schreibst: Philip hat sich nicht um eine neue Stelle beworben.

1. Philip hat seine Bewerbung zur Post gebracht. _____

    _____

2. Er hat den Personalchef gestern angerufen. _____

    _____

3. Philip hat die Stelle bekommen. _____

    _____

F. Der Prinz und der Frosch. Ergänze im folgenden Märchen die Adjektivendungen.

Es war einmal ein schön____[1] jung____[2] Prinz. Der Prinz reiste

um die ganz____[3] Welt, um eine hübsche Prinzessin zu finden,

aber er hatte kein Glück. Eines Abends klopfte es an die

groß____[4] Tür des alt____[5] Schlosses. Draußen saß ein klein____[6]

Frosch und fragte den Vater des jung____[7] Prinzen: „Kann ich in

einem klein____[8] Zimmer übernachten?" Der Vater war

überrascht, doch der Prinz kam an die Tür und sagte:

„Natürlich, lieb____[9] Frosch, ich gebe dir sogar ein groß____[10] Zimmer mit antik____[11] Möbeln und

einem modern____[12] Fernsehapparat." Da sprang der Frosch auf den Prinzen und gab ihm einen

kalt____[13] Kuss auf die rot____[14] Backe. Da verwandelte der Prinz sich auch in einen grün____[15]

Frosch. Die beiden Frösche feierten bald darauf eine groß____[16] Hochzeit, und wenn sie nicht

gestorben sind, dann leben sie noch heute ein glücklich____[17] Froschleben.

DER SPAGHETTI-PROFESSOR

Name _____

Datum _____

Klasse _____

VIDEOTHEK

A. In welcher Reihenfolge hörst du das? Nummeriere die Aussagen von 1 bis 6.

_____ Sag mal, kommst du mit in die Cafeteria?

_____ Stopp, erzähl doch noch nicht das Ende.

_____ Wollen wir was essen gehen?

_____ Eine Studentin lebt nicht nur vom Wissen allein . . .

_____ Ja. Weißt du überhaupt, wie die Folge heißt?

_____ Vielleicht kann ich dir ja helfen.

B. Wer sagt das? Schreibe K (für Klara) oder M (für Markus).

1. _____ Noch mal, vielen Dank.

2. _____ Herr Professor . . .

3. _____ Im nächsten Jahr?

4. _____ Ach, dann machst du das Praktikum halt nächstes Jahr.

5. _____ Ich brauch's für mein Vordiplom.

6. _____ Du? Wie denn?

C. Was fehlt? Hör zu und setze die fehlenden Wörter ein. Du hörst den Text zweimal.

KLARA: Hallo Professore! Markus! _____[1] du auch hier?

MARKUS: _____,[2] Klara! Na klar, Sonja und ich, wir sind

_____.[3]

SONJA: Wie . . . ihr _____[4] euch? Ach, du bist der hilfsbereite

_____,[5] der seinen Praktikumsplatz abgegeben hat, ja?

KLARA: Und du _____[6] es die ganze Zeit _____[7] . . .

MARKUS: Man _____[8] eben, wo man _____.[9]

SONJA: Hallo! Wolltet ihr euch nicht über euer Vordiplom unterhalten?

VOKABELN

 A. Was erzählen die Studenten? Kreuze an, wer diese Wörter sagt.

	NELE	HARALD	KONSTANZE
1. das Studium	☐	☐	☐
2. die Klausuren	☐	☐	☐
3. die Vorlesung	☐	☐	☐
4. die Zwischenprüfungen	☐	☐	☐
5. die Studiengebühren	☐	☐	☐
6. das Studentenwohnheim	☐	☐	☐

B. Ist das richtig? Was gehört in welche Kategorie?

Du hörst: Die Gabel gehört zum Gemüse.
Du siehst: eine Gabel unter dem Wort „Besteck"
Du sagst: Nein, die Gabel gehört zum Besteck.
Du hörst: Nein, die Gabel gehört zum Besteck.

Du hörst: Die Gurke gehört zum Gemüse.
Du siehst: eine Gurke unter dem Wort „Gemüse"
Du sagst: Ja, die Gurke gehört zum Gemüse.
Du hörst: Ja, die Gurke gehört zum Gemüse.

1. . . .   2. . . .   3. . . .
4. . . .   5. . . .

das Gemüse

das Besteck

C. Lasst uns kochen. Was kommt zuerst? Was kann man danach tun?

Du hörst: Zuerst muss man das Wasser erhitzen.
Du liest: Dann kann man die rohen Kartoffeln im heißen Wasser kochen.
Du sagst: Dann kann man die rohen Kartoffeln im heißen Wasser kochen.
Du hörst: Genau. Zuerst muss man das Wasser erhitzen, dann kann man die rohen Kartoffeln im heißen Wasser kochen.

1. . . .   2. . . .   3. . . .   4. . . .

Dann kann man das Gemüse im Topf schnell kochen.
Dann kann man den Topf waschen.
Dann kann man die rohen Kartoffeln im heißen Wasser kochen.
Dann kann man das Fleisch in der Pfanne braten.
Dann kann man die Tomatensoße mit den Nudeln vermischen.

D. Was passt hier? Welches Wort ist richtig?

1. Angelika ist im zweiten Studienjahr. Am Ende des Semesters macht sie ihre ____.
   a. Serviette   b. Zwischenprüfung

2. Jusuf geht nie in die ____. Ihm schmeckt das Essen dort nicht.
   a. Mensa   b. Disko

3. Frank wohnt im ____, weil es am billigsten ist.
   a. Studentenwohnheim   b. Reihenhaus

4. Steffi hat sich ____, sich für ein Auslandsstudium ____.
   a. entschlossen   b. gewaschen   c. anzumelden   d. zu schneiden

5. Marco fürchtet sich sehr vor ____.
   a. dem Hörsaal   b. seiner Bio-Klausur

E. Stimmt das oder stimmt das nicht? Kreuze die richtige Antwort an.

		JA	NEIN
1.	Die Studenten in Deutschland müssen sehr hohe Studiengebühren bezahlen.	☐	☐
2.	Das deutsche Universitätssystem funktioniert anders (*differently*) als das amerikanische.	☐	☐
3.	In Deutschland muss man sich für Vorlesungen einschreiben.	☐	☐
4.	In vielen Fächern, die man studiert, muss man ein Praktikum machen.	☐	☐

F. Frageecke. Wähle die richtige Antwort.

> die Küche
> das Abendessen
> die Lebensmittel
> die Serviette
> der Blumenkohl

1. Wie heißt der Raum, in dem man das Essen zubereitet?

   _____

2. Wie nennt man die Mahlzeit (*meal*) am Abend?

   _____

3. Wie heißt das Ding, womit man sich den Mund abwischt?

   _____

4. Welches Gemüse sieht aus wie eine Blume?

   _____

5. Wie nennt man alle Dinge, die man essen kann?

   _____

G. Was ist das? Was siehst du? Was macht man damit?

MODELL: a. Das ist ein Topf.
 b. Im Topf kann man Wasser kochen.

1.

a. _____

_____

b. _____

_____

2.

a. _____

_____

b. _____

_____

3.

a. _____

_____

b. _____

_____

4.

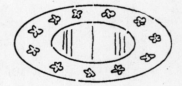

a. _____

_____

b. _____

_____

5.

a. _____

_____

b. _____

_____

6.

a. _____

_____

b. _____

_____

STRUKTUREN

. . . .

A. Morgenroutine. Rashid erzählt von seiner Morgenroutine. Hör zu und nummeriere die Sätze in der Reihenfolge, in der du sie hörst.

____ Er putzt sich die Zähne.

____ Er geht in die Uni.

____ Er setzt sich an den Frühstückstisch.

____ Er steht auf.

____ Er kauft sich Brötchen und eine Zeitung.

B. Dialoge an der Uni. Hör zu und ergänze die Lücken mit den fehlenden Reflexivpronomen.

CARLA: Hallo, Björn. Du, ich melde _____[1] heute für die Zwischenprüfung an.

BJÖRN: Fürchtest du _____[2] nicht vor dem Professor? Er soll sehr streng sein.

CARLA: Na ja, ein bisschen schon, aber ich habe _____[3] entschlossen, nächstes Jahr ein

Praktikum in Frankreich zu machen.

NATASCHA: Hallo, Björn und Carla! Meldet ihr _____[4] auch für die Prüfung an?

BJÖRN: Carla meldet _____[5] an, aber ich melde _____[6] erst nächstes

Semester an. Übrigens: ihr habt noch ein bisschen Zeit. Wollen wir _____[7] in

die Mensa setzen?

NATASCHA: Au ja, das finde ich eine prima Idee.

C. Schmeckt dir das? Hör zu und beantworte die Fragen.

Du hörst: Schmeckt dir roher Brokkoli?
Du liest: roher Brokkoli: nein
Du sagst: Nein, roher Brokkoli schmeckt mir nicht.
Du hörst: Nein, roher Brokkoli schmeckt mir nicht.

1. zähes Fleisch: nein   4. gebratene Kartoffeln: ja
2. frischer Fisch: ja   5. scharfe Tomatensoße: ja
3. salziger Blumenkohl: nein   6. saure Gurken: nein

D. Wer kocht sich was? Hör zu und beantworte die Fragen mit den Informationen unten.

Du hörst: Was brätst du dir?
Du siehst: ich: braten; Wiener Schnitzel
Du sagst: Ich brate mir Wiener Schnitzel.
Du hörst: Ich brate mir Wiener Schnitzel.

1. du: kochen; Karotten   4. ihr: kochen; Bratkartoffeln
2. wir: backen; Apfelstrudel   5. Frau Gillhuber: kochen; italienische Nudeln
3. Mustafa: kochen; frisches Gemüse

E. Drei Geschwister. Schau dir das Bild an und beantworte die Fragen mit Komparativformen.

Du hörst: Wer ist größer, Melanie oder Sebastian?
Du sagst: Sebastian ist größer als Melanie.
Du hörst: Sebastian ist größer als Melanie, in der Tat.

    1. . . .   2. . . .   3. . . .   4. . . .

 F. Noch einmal die Geschwister. Jetzt schaust du dir das Bild in Aktivität E noch einmal an und beantwortest die folgenden Fragen mit Superlativformen.

Du hörst: Und wer ist am größten?
Du sagst: Sebastian ist am größten.
Du hörst: Sebastian ist am größten. Das stimmt.

    1. . . .   2. . . .   3. . . .

 G. Berlin. Hör zu und ergänze die fehlenden Komparativ- und Superlativformen. Du hörst den Text zweimal.

BERLIN

Das _____ Symbol der Stadt, der Berliner Bär, lädt Sie in die

_____ Großstadt Deutschlands ein. Berlin hat die _____

Geschäfte, die _____ Kneipen und das _____

deutschsprachige Theater. Berlin hat _____ Museen und

_____ Konzerte als andere Städte. Es gibt keinen

_____ Urlaub als einen Urlaub in Berlin! **Willkommen in Berlin!**

H. Ein Morgen bei Familie Wegener. Ergänze den Dialog mit den fehlenden Reflexivpronomen.

HERR WEGENER: Wo sind die Kinder? Sie müssen _____[1] beeilen, sonst kommen sie zu spät in die Schule.

FRAU WEGENER: Marie hat _____[2] wieder ins Bett gelegt. Ich glaube, sie hat _____[3] erkältet.

PETRA: Es gibt kein heißes Wasser, ich kann nicht duschen.

ROBERT: Du hast jetzt sowieso keine Zeit. Du musst _____[4] jetzt anziehen, sonst kommst du zu spät.

ROBERT: Und ich muss _____[5] noch die Zähne putzen und _____[6] rasieren.

Wortschatz zum Dialog

sich beeilen	*to hurry*
sich erkälten	*to catch a cold*
sich rasieren	*to shave*

I. Morgens und abends. Schreib die Sätze neu und benutze dabei das direkte Objekt.

MODELL: Ich ziehe mich an. (die Schuhe) → Ich ziehe mir die Schuhe an.

1. Du musst dich kämmen, bevor du in die Schule gehst. (die Haare)

    _____

2. Wir wollen uns waschen. (die Hände)

    _____

3. Könnt ihr euch bitte waschen? (die Füße)

    _____

4. Herr Krohans zieht sich jeden Tag an. (ein neues Hemd)

    _____

J. Interviewfragen. Schreibe Fragen mit dem Superlativ.

MODELL: Restaurant / gut / Essen → Welches Restaurant hat das beste Essen?

1. Supermarkt / gut / Gemüse

    _____

2. Universität / interessant / Vorlesungen

    _____

3. Kino / aufregend / Filme

    _____

K. Vergleiche. Schreibe Sätze mit **(nicht) so . . . wie.**

MODELL: das Messer / der Löffel (praktisch) →
Ich finde das Messer so praktisch wie den Löffel.
oder: Ich finde das Messer nicht so praktisch wie den Löffel.
oder: Ich finde den Löffel nicht so praktisch wie das Messer.

1.   Fleisch / Gemüse (lecker)

_____

_____

2.   der Topf / die Pfanne (praktisch)

_____

_____

3.   Brokkoli / Fisch (gut)

_____

_____

4.   das Essen im Restaurant / das Essen zu Hause (gesund)

_____

_____

L. Lokalpatrioten. Ein Schweizer, ein Österreicher und ein Deutscher unterhalten sich über ihre Heimat. Schreibe Sätze mit dem Komparativ und dem Superlativ.

MODELL: Der Deutsche: Bei uns in Deutschland sind die Berge hoch. →
Der Österreicher: Bei uns in Österreich sind die Berge höher.
Der Schweizer: Bei uns in der Schweiz sind die Berge am höchsten.

1.   Der Deutsche: Bei uns in Deutschland schmeckt das Essen gut.

Der Schweizer: _____

Der Österreicher: _____

2.   Der Schweizer: Bei uns in der Schweiz sind die Häuser schön.

Der Deutsche: _____

Der Österreicher: _____

3.   Der Österreicher: Bei uns in Österreich sind die Burgen alt.

Der Schweizer: _____

Der Deutsche: _____

4.   Der Deutsche: Bei uns in Deutschland sind die Menschen zufrieden.

Der Österreicher: _____

Der Schweizer: _____

M. Fragen und Antworten. Formuliere Fragen mit dem Komparativ und dem Superlativ. Benutze Wörter aus den zwei Spalten. Schreibe zu jeder Frage auch eine Antwort.

MODELL: Frage: Wer hat das interessanteste Buch über Afrika geschrieben?
            Antwort: Ich finde, Kingsolver hat das interessanteste Buch über Afrika geschrieben.

ALTERNATIVE: Schreibe erst die Fragen, und lass dann einen Mitschüler oder eine Mitschülerin antworten.

MODELL: Frage (DU):   Welches Auto ist kleiner, dein Sportwagen oder mein alter Familienwagen?
            Antwort (MITSCHÜLER[IN]):   Also, mein Sportwagen ist viel kleiner als dein alter Familienwagen!

klein   die Stadt
groß   das Land
leicht   das Buch
schwer   das Auto
angenehm   der Imbissstand
schön   das Einkaufszentrum
modern   ?
interessant
?

1.   FRAGE: _____

      _____

      ANTWORT: _____

      _____

2.   FRAGE: _____

      _____

      ANTWORT: _____

      _____

3.   FRAGE: _____

      _____

      ANTWORT: _____

      _____

4.   FRAGE: _____

      _____

      ANTWORT: _____

      _____

5.   FRAGE: _____

      _____

      ANTWORT: _____

      _____

EINBLICKE

A. Essen in der Mensa. Hör zu und ergänze den Speiseplan.

Speiseplan der Mensa
Ludwig-Maximilian-Universität München

MONTAG: Standardgericht 1   Hackbraten mit Rahmsoße

Standardgericht 2   Schweinegeschnetzeltes, _____[1]

Tagesgericht 1   Blaubeerpfannkuchen mit Vanillesoße

Tagesgericht 2   _____[2] mit Kräuterbutter

DIENSTAG: Standardgericht   Frühlingsrolle mit süß-scharfer Soße

Tagesgericht 1   Lammgulasch

Tagesgericht 2   _____[3] mit Salami

Tagesgericht 3   Schweinefilet mit _____[4]

MITTWOCH: Standardgericht   Spaghetti mit _____[5]

Tagesgericht 1   Dampfnudel mit Vanillesoße

Tagesgericht 2   _____[6] im Backteig mit Soße „Mexiko"

Tagesgericht 3   Paprikaschnitzel

DONNERSTAG: Standardgericht   Polenta mit Chili

Tagesgericht 1   Pfeffersteak

Tagesgericht 2   _____[7]

Tagesgericht 3   Lammkeule auf provenzalische Art

FREITAG: Standardgericht 1   _____[8] Beefsteak

Standardgericht 2   Käsespätzle

Tagesgericht 1   Reispfanne mit Kalbs_____[9]

Tagesgericht 2   Rinderfilet „Samurai"

B. Was gibt es diese Woche in der Mensa zu essen? Schau dir den Speiseplan an und beantworte die Fragen.

Du hörst: Welche Tagesgerichte gibt es am Montag?
Du sagst: Es gibt Blaubeerpfannkuchen mit Vanillesoße und Rumpsteak mit Kräuterbutter.
Du hörst: Richtig. Am Montag sind die Tagesgerichte Blaubeerpfannkuchen mit Vanillesoße und Rumpsteak mit Kräuterbutter.

1. . . .   2. . . .   3. . . .   4. . . .   5. . . .

C. Im Studentenwohnheim. Lies den Text und beantworte die Fragen.

BESCHREIBUNG DER RÄUME DES WOHNHEIMES

- Das Wohnheim hat 102 Zimmer und 70 Appartements.
- Alle Zimmer und alle Appartements haben einen kostenlosen Kabelfernsehanschluss.
- Weiterhin haben die Wohnräume eigene Telefonleitungen.
- Im Foyer befindet sich ein Münztelefon.
- Für alle Bewohner gibt es zwei Musikübungsräume mit je einem Klavier, einen Aufenthaltsraum sowie Waschmaschinen und Trockner.
- Das Haus bietet neben oberirdischen Parkdecks auch eine Tiefgarage, in der sowohl PKWs als auch Fahrräder abgestellt werden können.
- Die Dachterrasse ist während der Sommermonate nutzbar.

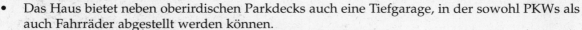

DIE ZIMMER

- Die Zimmer haben ca. 16qm.
- Jedes hat einen Einbauschrank, Schreibtisch mit Stuhl, Bett mit Federkernmatratze, Waschbecken.
- Ein großes Fenster befindet sich auf der Westseite mit Blick zur Innenstadt.
- Für zwei Zimmer gibt es eine Wohnküche sowie zwei Duschen und zwei Toiletten.
- Die Miete beträgt monatlich inklusive aller Nebenkosten 320,– DM.

1. ____ Einbauschrank

2. ____ zwei Toiletten

3. ____ Münztelefon

4. ____ Tiefgarage

5. ____ Waschbecken

6. ____ zwei Musikübungsräume

7. ____ Trockner

8. ____ 16 Quadratmeter

9. ____ Schreibtisch mit Stuhl

10. ____ 102 Zimmer und 70 Appartements

11. ____ Bett mit Federkernmatratze

12. ____ zwei Duschen

13. ____ Wohnküche

a. Das gibt es in jedem Zimmer.
b. Das gibt es für zwei Zimmer.
c. Das hat das ganze Wohnheim.

PERSPEKTIVEN

Hör mal zu!

 A. Mehmet erzählt von seiner Ausbildung. Hör zu. Was fehlt? Du hörst den Text zweimal.

Ja, ich bin in der Türkei mit sechs Jahren in die _____[1] gekommen. Die

erste und zweite Klasse habe ich in der Türkei in unserem Dorf _____.[2]

Dann bin ich mit meinen Eltern nach Berlin gezogen. Die ersten zwei Jahre war ich in Berlin in einer

türkischen _____.[3] Hier hatten wir alle Fächer in Türkisch, außer Deutsch

als Fremdsprache. In der fünften Klasse bin ich dann in eine _____[4]

deutsche Klasse gekommen. Da waren wir 32 Schüler, vier davon waren aus der Türkei. Weil meine

_____[5] gut waren, hat man mich in der sechsten Klasse fürs Gymnasium

empfohlen und ich habe dann auch mein Abitur gemacht. 1984 habe ich an der Technischen

_____[6] in Berlin mit dem Betriebswirtschaftsstudium angefangen. Meine

Fächer hatte ich 1989 alle abgeschlossen, aber meine Diplomarbeit habe ich erst

_____[7] geschrieben.

 B. Fragen über Mehmet. Beantworte die Fragen, die du hörst.

1. . . .   2. . . .   3. . . .   4. . . .   5. . . .   6. . . .   7. . . .

Lies mal!

Wortschatz zum Lesen

der Kater	*tomcat*
verdrehen	*to roll*
verzückt	*in rapture*
hübsch	*cute*
verflixt und zugenäht!	*drat it all!*
zunehmen	*to gain (weight)*
begeistert	*enthused*
. . . ist es aus	*it's over*
abnehmen	*to reduce (weight)*
der Unterschied	*difference*
leisten	*to afford*

Aus: *Ach du grüner Kater*

Miau! Ich bin der Kater Fettucini!

Lacht da etwa einer? Sind da vielleicht ein paar italienische Kinder, die wissen, daß es „Fettucine" heißen muß, mit einem „e" am Ende, und nicht „Fettucini", mit einem „i"? Ich weiß das genauso gut, und es gibt also keinen Grund, mich auszulachen.

Überhaupt wird viel zu wichtig genommen, wie einer was schreibt. Es hat Kinder gegeben, die haben eine Menge Schreibfehler gemacht und sind trotzdem später berühmte Leute geworden.

„Fettucine" ist das italienische Wort für Nudeln. Warum ich als waschechter Österreicher einen italienischen Namen habe, möchtet ihr sicher gern wissen. Also, Barbara und Lutz essen für ihr Leben gern Nudeln. Besonders diese berühmten italienischen.

„Keiner macht so gute Nudeln wie die Italiener", schwärmen sie, „hm, die Fettucine in Rom, bei Alfredo!" Allein beim Gedanken daran verdrehen diese komischen Erwachsenen verzückt die Augen. Und weil sie die italienischen Nudeln so lieben und mich auch und ich so nudelig bin, haben sie mich Fettucini getauft. Abgekürzt hört sich das auch hübsch an: „Cinilein" oder „Cini". Manchmal sagen sie auch ganz einfach „der Dicke", und das ist nicht so hübsch.

Ich selbst bin nicht so verrückt nach Nudeln. Ich esse lieber Fleisch und schlecke Milch. Noch lieber Sahne. Schmeckt prima. Gottseidank muß *ich* nicht auf meine Figur achten!

Barbara und Lutz sind da schlimmer dran. Morgens und abends klettern sie auf die Waage im Badezimmer. Ich weiß schon im Voraus, was dann kommt:

„Verflixt und zugenäht, schon wieder zugenommen!"

Prompt essen sie weniger, und darüber bin ich gar nicht begeistert; denn gleich ist es aus mit der Gemütlichkeit. Sie haben viel weniger gute Laune, als wenn sie viel essen und trinken.

Vielleicht nehmen sie wirklich ab, ich sehe allerdings keinen Unterschied.

Jedenfalls zeigen sie sich nach ein paar Tagen gegenseitig die Stellen, wo sie angeblich abgenommen haben: Barbara am Popo, Lutz ein bißchen höher, über dem Gürtel. Und schon sind sie wieder obenauf.

„So", sagen sie vergnügt, „heute wollen wir mal richtig futtern. Jetzt können wir uns das ja wieder leisten!"

(. . .)

Barbara Rütting, Ach du grüner Kater: Aus dem Leben des Katers Fettucini eigenpfotig von ihm aufgezeichnet. *München: Lentz Verlag, 1979.*

 C. Zum Wortschatz. Was passt zusammen?

1. ____ der Schreibfehler
2. ____ waschecht
3. ____ schwärmen
4. ____ nudelig
5. ____ schlecken
6. ____ die Waage
7. ____ prompt
8. ____ futtern

a. ein Gerät, mit dem man etwas wiegen kann
b. ein klein wenig dick
c. umgangssprachlich: essen
d. sofort
e. wenn man ein Wort nicht richtig schreibt
f. garantiert und hundertprozentig
g. etwas mit der Zunge berühren, um es zu essen
h. sagen, wie sehr einer Person etwas gefällt

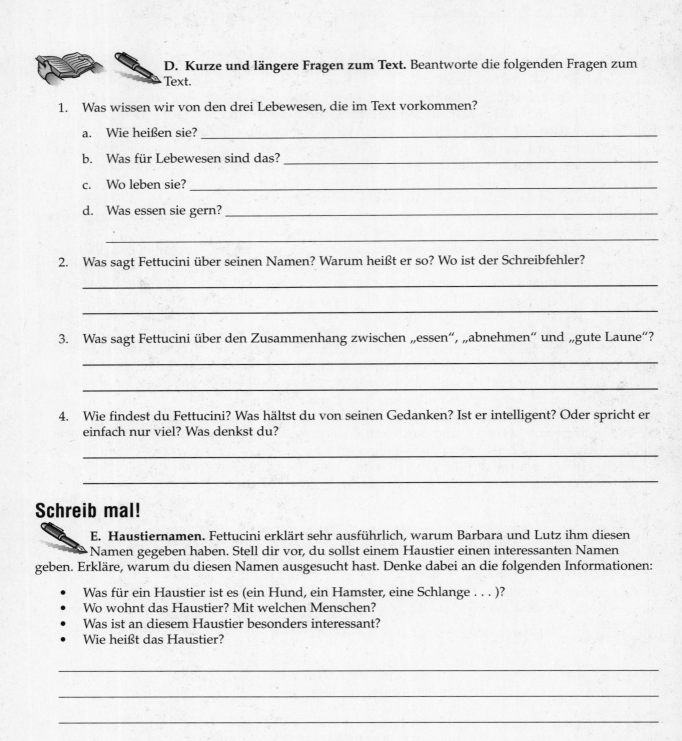

D. Kurze und längere Fragen zum Text. Beantworte die folgenden Fragen zum Text.

1. Was wissen wir von den drei Lebewesen, die im Text vorkommen?

   a. Wie heißen sie? _____

   b. Was für Lebewesen sind das? _____

   c. Wo leben sie? _____

   d. Was essen sie gern? _____

   _____

2. Was sagt Fettucini über seinen Namen? Warum heißt er so? Wo ist der Schreibfehler?

   _____

   _____

3. Was sagt Fettucini über den Zusammenhang zwischen „essen", „abnehmen" und „gute Laune"?

   _____

   _____

4. Wie findest du Fettucini? Was hältst du von seinen Gedanken? Ist er intelligent? Oder spricht er einfach nur viel? Was denkst du?

   _____

   _____

Schreib mal!

E. Haustiernamen. Fettucini erklärt sehr ausführlich, warum Barbara und Lutz ihm diesen Namen gegeben haben. Stell dir vor, du sollst einem Haustier einen interessanten Namen geben. Erkläre, warum du diesen Namen ausgesucht hast. Denke dabei an die folgenden Informationen:

- Was für ein Haustier ist es (ein Hund, ein Hamster, eine Schlange . . .)?
- Wo wohnt das Haustier? Mit welchen Menschen?
- Was ist an diesem Haustier besonders interessant?
- Wie heißt das Haustier?

_____

_____

_____

_____

_____

_____

_____

_____

20 DER UMWELTSÜNDER

VIDEOTHEK

 A. In welcher Reihenfolge hörst du das? Nummeriere die Aussagen von 1 bis 7.

____ Abfahrt!

____ Anschnallen. Na klar doch.

____ Da haben wir noch viel Zeit.

____ Hast du es ihr wirklich gesagt?

____ Ich habe zwei Personen angekündigt.

____ Ist doch schön.

____ Na ja, knapp zwei Stunden.

„Wir sind gleich da."

 B. Wie sagt Klara was? Hör zu und finde den passenden Ausdruck.

1. ____ Wie fragt Klara, ob Markus etwas gemacht hat oder nicht?

2. ____ Wie fragt Klara, wie lange etwas dauert?

3. ____ Was sagt Klara, wenn sie entsetzt ist?

4. ____ Was sagt Klara, wenn ihr etwas einfällt?

a. „Ich habe eine Idee!"

b. „Wie lange fahren wir denn zu deiner Mutter?"

c. „Hast du deiner Mutter eigentlich gesagt, dass ich mitkomme?"

d. „Sauerei!"

„Tag und Tschüss. Muss gleich wieder los."

„Warum seid ihr denn so spät gekommen?"

 C. Was ist richtig? Hör zu und umkreise die richtigen Wörter.

1. Markus' Bruder heißt (Matthias / Thomas).

2. Sein Bruder ist (älter / jünger).

3. Er sieht aus wie (ein Dreckspatz / eine Vogelscheuche).

4. Frau Schöps hat sich (keine Sorgen / Sorgen) gemacht.

5. Frau Schöps sagt: („Du lieber Gott!" / „Du lieber Himmel!").

6. Markus hat die (Autonummer / Telefonnummer) vergessen.

VOKABELN

 A. Wer recycelt was? Hör zu, was diese Leute recyceln. Kreuze an.

	HOLM	FRIEDERIKE	ECKHARD
Papier	☐	☐	☐
Plastiktüten	☐	☐	☐
Flaschen	☐	☐	☐
Glas	☐	☐	☐
Dosen	☐	☐	☐
Wegwerfflaschen	☐	☐	☐
Plastikverpackungen	☐	☐	☐

B. Probleme. Was ist für diese Personen das größte Problem? Hör zu und verbinde die Personen mit dem Problem, das er oder sie erwähnt.

PERSON

PROBLEM

1. ____ Nele
2. ____ Daniel
3. ____ Amelie
4. ____ Ole
5. ____ Gaby
6. ____ Kai
7. ____ Karin

a. Arbeitslosigkeit
b. Armut
c. Ausländerfeindlichkeit
d. Krieg
e. Lärm
f. Obdachlosigkeit
g. Rassismus

C. Was macht diese Frau? Hör zu und setze die fehlenden Verben ein. Du hörst jeden Satz zweimal.

1. Im Auto _____ ich mich immer _____.

2. Ich _____ meine Kinder umweltbewusst.

3. Mein Mann _____ Umweltschutz _____ sehr wichtig.

4. Ich _____ den Müll.

5. Meine Mutter _____ Plastiktüten sehr oft.

D. Leben in Deutschland. Hör zu und setze die fehlenden Wörter aus dem Kasten ein. Du hörst den Text zweimal.

> Ausländerfeindlichkeit
> Obdachlosigkeit   Angst
> Ausländer
> Arbeitslosigkeit

Nach dem Zweiten Weltkrieg kamen viele _____[1] nach

Deutschland, um die Entwicklung der Wirtschaft zu unterstützen. Damals war

_____[2] nicht verbreitet. Seit ein paar Jahren finden wir jedoch

verbreitet Rassismus und Gewalttätigkeiten in Deutschland. Ein Grund dafür ist die steigende

_____,[3] die als Schuld der Ausländer angesehen wird. Viele

Arbeitslose leben in Armut und haben _____[4] vor der Zukunft.

Eng damit verbunden sind _____[5] und Hunger.

E. Was passt zusammen? Ordne den Wörtern die richtigen Definitionen zu.

1. ____ der Umweltsünder
2. ____ die Flasche
3. ____ der Lärm
4. ____ die Umwelt
5. ____ der Müll
6. ____ die Fußgängerzone

a. ist aus Glas und enthält z. B. Wasser oder Limo
b. entsteht viel im Haushalt
c. dort sind Fahrzeuge verboten
d. wird von Menschen und Autos verursacht
e. wo wir leben
f. jemand, der die Umwelt verschmutzt

F. Stimmt das oder stimmt das nicht? Finde die Aussagen aus dem Zeitungsbericht und kreuze die richtige Antwort an.

	JA	NEIN
1. Der Autofahrer fuhr zu schnell.	☐	☐
2. Die Polizei konnte ihn gleich anhalten.	☐	☐
3. Der Fahrer war angeschnallt.	☐	☐
4. Der Motor des Autos war kaputt.	☐	☐
5. Das Nummernschild stimmte nicht.	☐	☐
6. Er konnte seinen Führerschein behalten.	☐	☐

> Apolda bei Jena. Ein Autofahrer fuhr gestern mit zu hoher Geschwindigkeit auf der Bundesstraße 11. Als die Polizei ihn anhalten wollte, verschwand der Fahrer in einen Waldweg, konnte letztendlich aber doch gestoppt werden. Die Polizei merkte, dass der Fahrer nicht angeschnallt war. Bei der Überprüfung des Autos stellte sie weiterhin fest, dass das Nummernschild nicht stimmte. Für die Verstöße gegen das Gesetz erteilte ihm die Polizei eine Lehre. Er musste seinen Führerschein abgeben.

G. So sollte es sein! Setze die richtigen Wörter ein.

> streng
>
> organische
>
> umweltbewusst
>
> diskutieren
>
> teilnehmen
>
> unterstützt
>
> kompostieren
>
> erziehen

1. _____ ist sehr umweltfreundlich.

2. _____ Müllentsorgung sollte _____ werden.

3. Alle Menschen sollten am Recycling _____.

4. Manche Eltern sind übertrieben _____ mit ihren Kindern.

5. Wichtig ist, die Probleme zu _____.

6. Außerdem sollten sie ihre Kinder _____

_____.

H. Persönliche Fragen in Sachen Umwelt. Beantworte die Fragen in vollständigen Sätzen.

1. Bist du Umweltsünder / Umweltsünderin? _____

_____

2. Wenn ja, was machst du, was nicht umweltfreundlich ist? _____

_____

3. Bedauerst du es, wenn du Wegwerfflaschen verwendest? _____

_____

4. Ziehst du Plastiktüten oder Papiertüten vor? _____

_____

5. Autos verursachen viel Lärm. Sollte man Autos abschaffen? _____

_____

6. Was sollte man unbedingt schützen? _____

_____

7. Was sollte man streng verbieten? _____

_____

STRUKTUREN

· ·

A. Was würden diese Leute mit 10.000 DM machen? Hör zu und kreuze an.

	Brigitte	Fares	Herr und Frau Blinz	Andy	Herr Beyer	Frau Weiss
ein neues Auto kaufen						
eine Reise nach Hawaii buchen						
das Geld behalten	X					
den Kindern geben						
seiner Freundin einen Ring schenken						
das Geld an „Greenpeace" geben						

B. Stimmt das oder stimmt das nicht? Herr Mayer, Nicole und Frau Urteiler sprechen über ihre Urlaubsträume. Hör zu und kreuze die richtige Antwort an.

		JA	NEIN
1.	Herr Mayer würde gern nach Österreich fahren.	☐	☐
2.	Er würde gern segeln und wandern.	☐	☐
3.	Er würde gern in einem großen Hotel wohnen.	☐	☐
4.	Nicole möchte gern mit dem Auto durch Deutschland reisen.	☐	☐
5.	Sie würde alle Burgen und Schlösser besichtigen.	☐	☐
6.	Am liebsten würde sie im Zelt übernachten.	☐	☐
7.	Frau Urteiler möchte gern einmal nach Italien.	☐	☐
8.	Sie würde im Mittelmeer schwimmen.	☐	☐
9.	Sie würde Windsurfen lernen.	☐	☐

C. Was tun? Hör zu und beantworte die Fragen mit Hilfe der Stichwörter.

Du hörst: Soll ich Musik hören oder Tennis spielen?
Du liest: Tennis spielen
Du sagst: An deiner Stelle würde ich Tennis spielen.
Du hörst: An deiner Stelle würde ich Tennis spielen.

1. Deutsch lernen
2. ein gutes Buch lesen
3. im Wald laufen
4. ins Kino gehen
5. mit dem Bus fahren

D. Das Umweltsymposium. Worüber diskutiert man auf dem Umweltsymposium? Hör zu und verbinde die passenden Satzteile.

1. ____ der Müll,

2. ____ der Lärm,

3. ____ die Fußgängerzone,

4. ____ die Wegwerfflaschen,

5. ____ die Plastiktüten,

6. ____ die Wanderwege,

7. ____ die Dosen,

8. ____ das Auto,

a. die man entwickeln sollte
b. den man vermindern muss
c. das umweltfreundlich ist
d. die man verbieten könnte
e. den man kompostieren kann
f. die man bauen will
g. die man abschaffen sollte
h. die verschwinden müssten

 E. Wo hast du das gekauft? Du bringst viele Sachen mit zur Party. Deine Freunde wollen wissen, wo du die Sachen gekauft hast. Hör zu und beantworte die Fragen mit Hilfe der Tabelle.

Du hörst: Wo hast du diesen Salat gekauft?
Du liest: der Salat / im Supermarkt
Du sagst: Das ist der Salat, den ich im Supermarkt gekauft habe.
Du hörst: Das ist der Salat, den ich im Supermarkt gekauft habe.

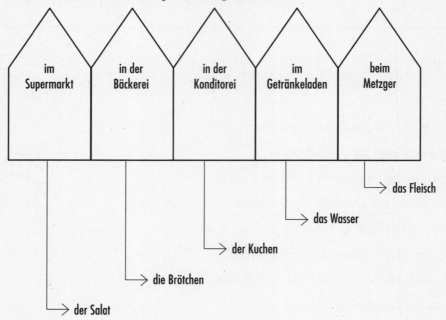

1. . . . 2. . . . 3. . . . 4. . . .

 F. Wer ist der Mörder? Der Detektiv stellt Fragen. Beantworte seine Fragen mit Relativsätzen.

Du hörst: Was für ein Mann ist Herr Petersen?
Du liest: Herr Petersen: Er ist sehr beliebt.
Du sagst: Er ist ein Mann, der sehr beliebt ist.
Du hörst: So so, er ist ein Mann, der sehr beliebt ist.

1. Bärbel: Sie ist sehr engagiert.
2. Thorsten: Alle Menschen lieben ihn.
3. Frau Schmetterling: Man darf ihr nicht glauben.
4. Herr Bleibtreu: Man kann ihm glauben.
5. Sabine: Man sieht sie nicht oft.

G. Im Restaurant „Schnitzelhaus". Ergänze die Lücken mit der passenden Form von **hätten**.

Familie Weld liest die Speisekarte und spricht darüber.

HERR WELD: Also, ich möchte das Pariser Schnitzel. Sybil und Susia, was _____¹ ihr gerne?

KINDER: Wir _____² gerne das Kinderschnitzel.

HERR WELD: Und Wilfriede, was _____³ du gerne?

FRAU WELD: Ich _____⁴ gerne das Puszta-Schnitzel.

Der Kellner kommt.

BEDIENUNG: Bitte schön.

HERR WELD: Ich _____⁵ gerne das Pariser Schnitzel. Meine Frau

_____⁶ gerne das Puszta-Schnitzel.

BEDIENUNG: Was bekommen die Kinder?

HERR WELD: Sie _____⁷ gerne das Kinderschnitzel.

H. Unzufriedene Leute. Was hätten diese Leute lieber? Wo wären sie lieber? Folge dem Beispiel und schreibe Sätze.

MODELL: Jutta hat eine Klausur. (Ferien)
Sie ist in München. (in Mexiko) →
Jutta hätte lieber Ferien.
Sie wäre lieber in Mexiko.

1. Ihr habt einen Balkon. (einen Garten)
Ihr seid in der Stadt. (auf dem Land)

_____

_____

2. Volker und Gamse haben viel Arbeit. (Urlaub) / Sie sind in Wien. (in der Türkei)

_____

_____

3. Jost hat eine Currywurst. (einen Schweinebraten) / Er ist am Imbissstand. (im Restaurant)

_____

_____

4. Du hast ein Fahrrad. (ein Auto) / Du bist zu Hause. (in der Stadt)

_____

_____

5. Wir haben eine Klausur. (Semesterpause) / Wir sind an der Uni. (im Schwimmbad)

_____

_____

I. Etwas höflicher, bitte. Schreib die folgenden Bitten im Konjunktiv.

MODELL: Kann ich bitte die Speisekarte haben? → Könnte ich bitte die Speisekarte haben?

1. Kannst du mir meinen Mantel geben?

_____

2. Haben Sie einen Moment Zeit für mich?

_____

3. Ihr müsst eigentlich noch eure Hausaufgaben machen!

_____

J. Würdest du das auch machen? Schreib Sätze im Konjunktiv.

MODELL: gegen Ausländerfeindlichkeit demonstrieren →
          Ich würde auch gegen Ausländerfeindlichkeit demonstrieren.

   oder: Ich würde nicht gegen Ausländerfeindlichkeit demonstrieren.

1. die Kinder über Krankheiten informieren

_____

_____

2. den Krieg abschaffen

_____

_____

3. den Umweltsündern eine Lehre erteilen

_____

_____

4. an einer Demonstration gegen Gewalt teilnehmen

_____

_____

K. Was wäre, wenn . . . Ergänze die Sätze. Verwende den Konjunktiv.

MODELL: Wenn ich mehr Zeit hätte, →
          Wenn ich mehr Zeit hätte, würde ich Greenpeace unterstützen.

1. Wenn ich Präsident/Präsidentin wäre,

_____

2. Wenn ich ein Fisch wäre,

_____

3. Wenn ich ein größeres Haus hätte,

_____

L. Darum ist es am Rhein so schön. Verbinde die Sätze und schreibe einen neuen Satz mit einem Relativpronomen.

MODELL: Am Rhein gibt es viele Burgen. +
Man kann sie besichtigen. →
Am Rhein gibt es viele Burgen, die man besichtigen kann.

Der Rhein ist ein Fluss.	In ihr steht die älteste Synagoge Deutschlands.
Am Rhein gibt es viele Burgen.	Er ist für Industrie und Tourismus wichtig.
Auf einem Felsen sitzt die Loreley.	Man kann sie besichtigen.
Am Rhein ist auch die Stadt Worms.	Ihre Haare sind lang und blond.

1. _____

   _____

2. _____

   _____

3. _____

   _____

M. Doris und Joschka fahren nach Hamburg. Verbinde die Sätze mit einem Relativpronomen.

MODELL: Joschka ist ein Student aus Freiburg. Doris fährt mit ihm nach Hamburg. →
Joschka ist ein Student aus Freiburg, mit dem Doris nach Hamburg fährt.

1. Am Nachmittag machen sie eine Pause in der Stadt Mainz. Der Dom der Stadt ist weltberühmt.

   _____

   _____

2. Sie gehen in mehrere Cafés. Sie können in den Cafés keinen Platz finden.

   _____

   _____

3. Endlich kaufen sie sich Getränke an einem Imbissstand. Der Imbissstand steht neben einem Park.

   _____

   _____

4. Dann setzen sie sich auf eine Parkbank. Die Bank steht unter einem Baum.

   _____

   _____

EINBLICKE

· ·

Wortschatz zum Lesen

das Wäschewaschen	*doing laundry*	die Dosierung	*dosage*
verschwenden	*to waste*	auf . . . achten	*to pay attention to*
schonen	*to spare*	der Weichspüler	*fabric softener*
umweltbewusst	*environmentally aware*		

Sauber waschen—Umwelt schonen—Geld sparen

Wäschewaschen ist nicht gut für die Umwelt. Pro Jahr werden in Deutschland zwischen 650.000 und 700.000 Tonnen Waschmittel verbraucht. Das sind fast acht Kilogramm pro Person. Alle Waschmittel enthalten Stoffe, die die Gewässer belasten. Durch zu viel Waschmittel oder zu wenig Wäsche in der Maschine verschwendet man oft auch Energie und Wasser.

Die Grundregel für umweltfreundliches Waschen ist: Wer weniger Waschmittel verwendet, schont die Umwelt.

Durch umweltbewusstes Waschen wird nicht nur die Umwelt, sondern auch der Geldbeutel geschont. Durchschnittlich bezahlt ein Haushalt in Deutschland 390 DM für das Waschen pro Jahr. Ein Haushalt, der nicht auf die Dosierung der Waschmittel achtet, bezahlt 640 DM. In einem Haushalt, der umweltfreundlich wäscht, sind es pro Jahr nur 190 DM.

Die wichtigsten Tipps für umweltfreundliches Waschen:

- Kaufen Sie umweltfreundliche Produkte
- Kaltes Wasser verbraucht nicht so viel Energie
- Waschmaschine immer voll laden
- Lassen Sie sich nicht von Werbungen irreführen
- Verwenden Sie wenig Weichspüler

A. Stimmt das oder stimmt das nicht? Finde die Aussagen aus dem Text und kreuze die richtige Antwort an.

		JA	NEIN
1.	Deutsche verbrauchen zwischen 650.000 und 700.000 Tonnen Waschmittel pro Tag.	☐	☐
2.	Jede Person in Deutschland verbraucht fast acht Kilogramm Waschmittel pro Jahr.	☐	☐
3.	Zu viel Waschmittel ist nicht gut für die Umwelt.	☐	☐
4.	Wer mehr Waschmittel verwendet, schont die Umwelt.	☐	☐
5.	Wer zu viel Waschmittel benutzt, bezahlt im Jahr 640 DM für das Wäschewaschen.	☐	☐
6.	Wer umweltfreundlich wäscht, bezahlt nur 190 DM pro Jahr.	☐	☐
7.	Man sollte immer mit heißem Wasser waschen.	☐	☐
8.	Man sollte wenig Weichspüler verwenden.	☐	☐

B. Hausmüll in Deutschland. Nach Angaben des Umweltbundesamtes setzt sich Hausmüll wie folgt zusammen. Hör zu und schreibe die Prozentzahlen.

Wortschatz zum Lesen

Pappe	*cardboard*
Kunststoffe	*synthetic materials*
Wegwerfwindeln	*disposable diapers*
Asche und Schlacke	*ashes and cinders*
Lebensmittelreste	*leftovers (food)*

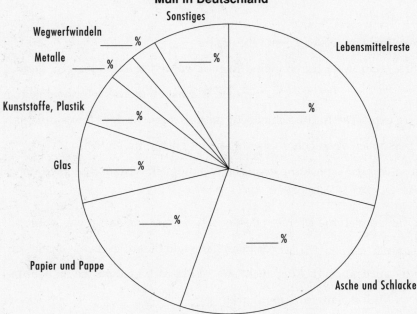

Müll in Deutschland

C. Frageecke. Beantworte die folgenden Fragen.

1. Welche Müllsorten liegen auf Platz 1, 2 und 3 in Deutschland?

   Platz 1: _____

   Platz 2: _____

   Platz 3: _____

2. Welche Müllsorten liegen auf Platz 1, 2 und 3 bei dir zu Hause?

   Platz 1: _____

   Platz 2: _____

   Platz 3: _____

PERSPEKTIVEN

Hör mal zu!

A. Vier Personen erzählen, was sie für die Umwelt tun. Hör zu und ergänze die fehlenden Wörter.

LISA: Ich kann nicht verstehen, dass so viele Menschen mit dem _____[1] fahren, wo doch unsere öffentlichen Verkehrsmittel so perfekt organisiert sind. Man kann alles mit dem _____[2] oder mit der Straßenbahn erreichen. Auch denke ich, dass in Deutschland relativ viel von der Regierung getan wird, um unsere Umwelt zu _____.[3]

FRAU HENKEL: Umwelt ist ein großes Thema für meine _____[4] zu Hause. Für mich nicht so sehr. Aber durch meine Tochter werde ich dazu erzogen, den _____[5] zu trennen. Wir haben mehrere Tonnen: gelb, rot, lila und Papier extra. Die Judith achtet sehr darauf, dass wir der Umwelt nichts tun.

ANKE: Ich persönlich versuche, so wenig wie möglich mit dem Auto zu _____[6] und so wenig Verpackungsmaterial wie möglich wegzuschmeißen und meinen Müll zu _____.[7]

MAJA: Für die Umwelt tue ich mein Bestes. Ich versuche, nicht so viel Müll zu _____.[8] Wir benutzen viele Pfandflaschen, Glasflaschen, die man wieder zurückbringt. Auch nicht so viel Plastik, versuche ich zu benutzen, weil es einfach zu viel Müll macht. Im Supermarkt _____[9] ich, was ich kaufe, dass es nicht zu viel verpackt ist. Und ich versuche, nicht so viel Strom und so viel _____[10] zu benutzen.

B. Frageecke. Was haben sie gesagt? Beantworte jetzt die Fragen, die du hörst. Du kannst dir dabei auch die Texte in Aktivität A ansehen.

1. . . .   2. . . .   3. . . .   4. . . .   5. . . .   6. . . .

Lies mal!

Wortschatz zum Lesen

häufig	*often*	versuchen	*to try*
herumwälzen	*to flip over*	die Zitrone	*lemon*
spritzen	*to spray*	es hatte sich	*word got around*
schütteln	*to shake*	herumgesprochen	
sich bücken	*to bend down*	Scharen	*crowds, bands*
der Geschmack	*flavor*	Erwachsenen	*grown-ups*

Aus: „Die Limonadenquelle"

Die meisten Leute wissen, daß es Mineralquellen gibt. Da sprudelt Mineralwasser aus der Erde, das man gleich trinken kann. Man kann es natürlich auch in Flaschen abfüllen und ein Etikett daraufkleben. Die wenigsten Leute wissen aber, daß es Limonadenquellen gibt. Nicht sehr häufig zwar, aber es gibt sie.

In Maßberg an der Lauer entdeckten Kinder eine beim Spielen. Als sie am Waldrand einen großen Stein herumwälzten, um Regenwürmer zu suchen, kam kein Regenwurm zum Vorschein, sondern eine Limonadenquelle. Die Limonade spritzte aus dem Boden wie aus einer Limonadenflasche, die man vor dem Öffnen kräftig geschüttelt hat.

Sie hätten wahrscheinlich nie gemerkt, was sie da entdeckt hatten, wenn nicht einer von ihnen so durstig gewesen wäre. Er bückte sich, trank von der Flüssigkeit und schrie gleich begeistert: „Wasser mit Orangengeschmack! Das müßt ihr versuchen! Wasser mit echtem Orangengeschmack!"

Die anderen tranken und stellten fest, daß er recht hatte. Es war tatsächlich eine Limonadenquelle.

Das Großartige war, daß aus der Quelle nicht nur eine bestimmte Limonade kam, sondern—wie die Kinder im Lauf der Woche feststellten—sogar verschiedene Sorten. Montags und freitags kam Limonade mit Orangengeschmack. Dienstags und donnerstags mit Zitronengeschmack. Mittwochs sprudelte grüne Waldmeisterlimonade heraus. Samstags und sonntags war die Limonade rot und schmeckte nach Himbeer.

Unter den Kindern von Maßberg hatte es sich gleich herumgesprochen, daß am Waldrand Limonade aus der Erde sprudelte. Ganze Scharen wanderten mit Bechern, Tassen und Gläsern zur Quelle. Manche tranken an einem Nachmittag mehr Limonade als sonst in einem halben Jahr.

Leider dauerte es nicht lange, dann hatte es sich auch unter den Erwachsenen herumgesprochen.

(. . .)

Paul Maar, „Die Limonadenquelle", Summelsarium, oder 13 wahre Lügengeschichten. Hamburg: Oetinger, 1973.

 C. Definitionen. Was passt zusammen? Wie kann man die folgenden Substantive erklären?

1. ____ ein Etikett
2. ____ ein Regenwurm
3. ____ eine Flüssigkeit
4. ____ eine Himbeere
5. ____ eine Limonadenquelle
6. ____ eine Mineralquelle
7. ____ ein Waldmeister

a. ein Ort, wo das Mineralwasser aus der Erde kommt
b. ein Ort, wo die Limonade aus der Erde kommt
c. ein Schild auf einem Produkt mit dem Namen darauf
d. ein Stoff in flüssiger Form, der fließen kann
e. ein langer, brauner Wurm, der aus der Erde kommt, wenn es regnet
f. eine grüne Pflanze mit weißen Blüten, die im Wald wächst
g. eine kleine tiefrote Beere

D. Zum Text. Leider hat der Drucker nicht aufgepasst und die Fragen zum Text verloren. Er hat dafür die Antworten gedruckt. Lies die Antworten genau und schreibe dann passende Fragen dazu.

Was . . . ?   Wer . . . ?   Wo . . . ?   Wie . . . ?   Warum . . . ?

1. _____?
   Kinder in Maßberg an der Lauer entdeckten sie beim Spielen.

2. _____?
   Sie haben nach Regenwürmern gesucht und dabei einen großen Stein herumgewälzt. Die Limonade war unter dem Stein.

3. _____?
   Sie spritzte aus dem Boden wie aus einer Flasche unter starkem Druck.

4. _____?
   Eines der Kinder war sehr durstig und trank davon.

5. _____?
   „Wasser mit Orangengeschmack! Das müßt ihr versuchen! Wasser mit echtem Orangengeschmack!"

6. _____?
   Alle Kinder von Maßberg kamen auch zur Quelle. Sie brachten Becher, Tassen und Gläser mit, damit sie möglichst viel Limonade trinken konnten.

Schreib mal!

E. Dialog. Der Junge, der zuerst von der Limonadenquelle getrunken hat, erzählt am Abend seinen Eltern von der Quelle. Wie stellst du dir das Gespräch vor? Was sagt er? Was sagen seine Eltern?

Junge: _____

Eltern: _____

Junge: _____

Eltern: _____

Junge: _____

Eltern: _____

F. Wie geht die Geschichte weiter? Was tun die Erwachsenen, als sie von der Limonadenquelle hören? Was denkst du? Was passiert? Lies den letzten Satz noch einmal und schreib die Geschichte von der Limonadenquelle weiter.

Leider dauerte es nicht lange, dann hatte es sich auch unter den Erwachsenen herumgesprochen.

_____

_____

_____

_____

_____

_____

Name _____

Datum _____

Klasse _____

21 DIE FALSCHEN KLAMOTTEN

VIDEOTHEK

 A. In welcher Reihenfolge hörst du das? Nummeriere die Aussagen von 1 bis 9.

_____ Ja, wieso bist du denn überhaupt schon wieder da?

_____ Weil ich die falschen Klamotten anhab'.

_____ Was suchst du denn?

_____ Völlig out, stimmt's?

_____ Laura, die ist in der . . . die ist im Roxy.

_____ Der Typ an der Tür!

_____ Das Sparbuch. Wo ist das Sparbuch?

_____ Wie sehe ich eigentlich aus?

_____ Wer hat dich nicht reingelassen?

 B. Was ist richtig? Marion und Sabine wollen in die Disko. Hör zu und umkreise die richtige Lösung.

1. Marion darf nicht in die Disko, weil sie zu (klein / jung) ist.

2. Marion hat keinen (Durst / Hunger).

3. Sabine schlägt vor, ins (Kino / Konzert) zu gehen.

4. Marion will lieber (nach Hause / tanzen) gehen.

5. Thomas darf wegen (seiner Klamotten / seines Alters) nicht ins Konzert.

VOKABELN

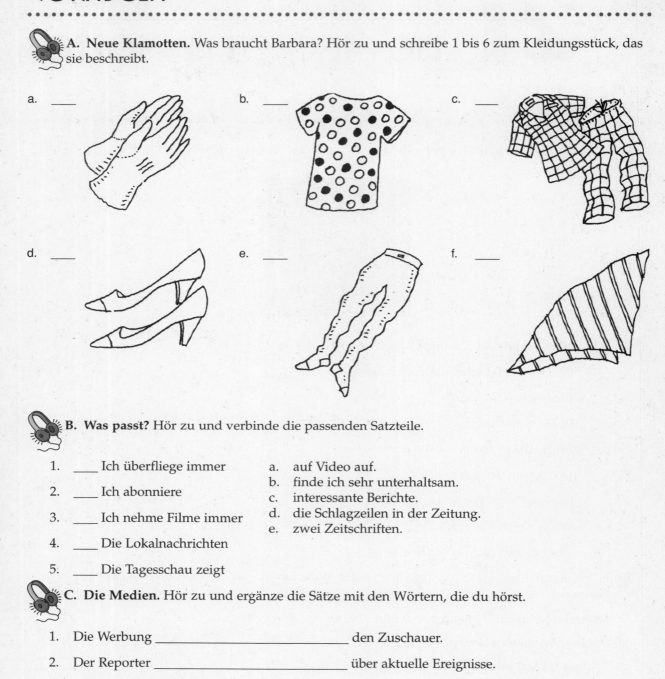

A. Neue Klamotten. Was braucht Barbara? Hör zu und schreibe 1 bis 6 zum Kleidungsstück, das sie beschreibt.

a. ____

b. ____

c. ____

d. ____

e. ____

f. ____

B. Was passt? Hör zu und verbinde die passenden Satzteile.

1. ____ Ich überfliege immer

2. ____ Ich abonniere

3. ____ Ich nehme Filme immer

4. ____ Die Lokalnachrichten

5. ____ Die Tagesschau zeigt

    a. auf Video auf.
    b. finde ich sehr unterhaltsam.
    c. interessante Berichte.
    d. die Schlagzeilen in der Zeitung.
    e. zwei Zeitschriften.

C. Die Medien. Hör zu und ergänze die Sätze mit den Wörtern, die du hörst.

1. Die Werbung _____ den Zuschauer.

2. Der Reporter _____ über aktuelle Ereignisse.

3. Der Leser schreibt einen _____.

4. Ich _____ mir eine Politiksendung _____.

5. Die Kunstsendung _____ _____ Kunst.

D. Was für Klamotten kaufen diese Personen? Hör zu und beantworte die Fragen.

Du hörst: Was kauft Jörg?
 Du liest: eine gestreifte Hose
Du sagst: Er kauft eine gestreifte Hose.
Du hörst: Er kauft eine gestreifte Hose.

1. modische Handschuhe
2. eine gestreifte Strumpfhose
3. einen gepunkteten Schlafanzug
4. einen karierten Schal
5. einen geblümten Rock

E. Was passt zusammen? Ordne diese Wörter der passenden Kategorie zu. Schreibe M für Medien oder K für Kleidung.

1. ____ abonnieren
2. ____ berichten
3. ____ das Unterhemd
4. ____ der Leserbrief
5. ____ der Schuhabsatz
6. ____ die Klamotten
7. ____ die Kleinanzeige
8. ____ die Lokalnachrichten
9. ____ die Reklame
10. ____ die Schlagzeile
11. ____ die Strumpfhose
12. ____ die Tagesschau
13. ____ gefärbt
14. ____ gemustert

F. Medien. Finde die passende Antwort im Kasten und schreibe sie auf.

die Werbesendung
die Politik
die Zeitschrift
die Nachrichten
die Schlagzeile

1. Welche Sendung berichtet über aktuelle Themen? _____

2. Was kann man abonnieren? _____

3. Wie heißt der Titel eines Berichts? _____

4. Wie heißt eine Reklame im Fernsehen? _____

5. Was ist oft Thema in den Nachrichten? _____

G. **Was gefällt dir?** Finde ein Programm, das du dir gern ansiehst und eins, das du dir nicht gern ansiehst. Begründe warum.

MODELL: Ich sehe mir gern „Tagesthemen" an, denn ich finde Nachrichten informativ. Aber ich sehe mir nicht gern „Die Harald Schmidt Show" an, denn ich finde Talkshows oberflächlich.

interessant
oberflächlich
ermüdend
unterhaltsam
aufregend
langweilig
lustig
informativ

Fernsehprogramm für Donnerstag

19.30	Pro 7	**Die Simpsons** *Zeichentrickserie*
19.40	RTL	**Gute Zeiten, schlechte Zeiten** *Drama-Serie*
20.00	ARD	**Tagesthemen** *Nachrichten*
20.15	ARD	**Abenteuer Zoo** *Dokumentarfilm*
20.15	RTL	**„Der letzte Mohikaner"** *US-Speilfilm*
20.15	SAT 1	**Wolffs Revier** *Drama-Serie*
21.15	Pro 7	**Star Trek - Das nächste Jahrhundert** *Science-Fiction-Serie*
22.15	ZDF	**Die Johannes B. Kerner-Show** *Talkshow*
22.25	RTL	**„Auf brennendem Eis"** *US-Actionfilm*
23.15	SAT 1	**Die Harald Schmidt Show** *Talkshow*
23.30	ZDF	**heute nacht** *Nachrichten*

_____

_____

_____

_____

_____

_____

STRUKTUREN

. . . .

A. Aktiv oder Passiv? Du hörst sechs Sätze zu Problemen in der Welt. Kreuze an, ob die Sätze im Aktiv oder Passiv gesagt werden.

	AKTIV	PASSIV		AKTIV	PASSIV
1.	☐	☐	4.	☐	☐
2.	☐	☐	5.	☐	☐
3.	☐	☐	6.	☐	☐

B. Alban wird 30. Alban hat bald Geburtstag und spricht mit Thomas über Pläne für eine Party. Hör zu und ergänze die Sätze. Kreuze dann an, welche Funktion **werden** in den Sätzen hat. Du hörst das Gespräch zweimal.

PASSIV   FUTUR

1. Alban _____*wird*_____ mit vielen Freunden

   _____*feiern*_____ .   ☐   ☑

2. Es _____ Steaks

   _____ .   ☐   ☐

3. Alban _____ auch Limonade

   _____ .   ☐   ☐

4. Es _____ den ganzen Abend

   _____ .   ☐   ☐

5. Thomas _____ beim Aufräumen

   _____ .   ☐   ☐

6. Die Party _____ viel Spaß

   _____ .   ☐   ☐

C. Wann werden diese Sachen getragen? Hör zu und beantworte die Fragen.

Du hörst: Wann wird ein Schlafanzug getragen?
 Du liest: ein Schlafanzug / beim Schlafen
Du sagst: Ein Schlafanzug wird beim Schlafen getragen.
Du hörst: Ein Schlafanzug wird beim Schlafen getragen.

1. ein Schal / bei Schnee und Eis
2. Handschuhe / bei kaltem Wetter
3. ein Badeanzug / bei heißem Wetter
4. eine Mütze / bei Wind
5. ein Anzug / beim Vorstellungsgespräch
6. Shorts / beim Fußballspiel

D. Was wird wo gemacht? Beantworte die Fragen im Passiv.

Du hörst: Was wird in der Bibliothek gemacht?
 Du liest: in der Bibliothek: gelesen
Du sagst: In der Bibliothek wird gelesen.
Du hörst: In der Bibliothek wird gelesen.

1. im Restaurant: gegessen 4. in der Schule: gelernt
2. in der Diskothek: getanzt 5. im Konzert: gesungen
3. im Büro: gearbeitet

 E. Hat das schon jemand gemacht? In der Familie gibt es heute viele Aufgaben. Beantworte die Fragen mit der Information aus der Liste. Wenn ein Name neben der Aufgabe steht, ist diese Arbeit schon gemacht worden.

Du hörst: Hat schon jemand das Wohnzimmer aufgeräumt?
Du sagst: Ja, das Wohnzimmer ist schon von Onkel Heinz aufgeräumt worden.
Du hörst: Ja, das Wohnzimmer ist schon von Onkel Heinz aufgeräumt worden.
 oder:
Du hörst: Hat schon jemand das Badezimmer aufgeräumt?
Du sagst: Nein, das Badezimmer ist noch nicht aufgeräumt worden.
Du hörst: Nein, das Badezimmer ist noch nicht aufgeräumt worden.

Arbeitsplan

✔ *Wohnzimmer aufräumen - Onkel Heinz*

 Badezimmer aufräumen - ?

✔ *im Supermarkt einkaufen - Florian*

✔ *die Kleidung waschen - Matthias*

 die Flaschen zum Recycling bringen - ?

 die „Tagesschau" auf Video aufnehmen - ?

✔ *das Gemüse putzen - Tante Anni*

✔ *die Tageszeitung abonnieren - Regine*

1. . . . 2. . . . 3. . . . 4. . . . 5. . . . 6. . . .

 F. Wann wurden diese Männer geboren? Hör zu und beantworte die Fragen.

Du hörst: Wann wurde Leibniz geboren?
Du siehst: Leibniz; 1646
Du sagst: Er wurde 1646 geboren.
Du hörst: Er wurde 1646 geboren.

Leibniz	Bach	Hölderlin	Beethoven	Mann	Brecht
1646	1685	1770	1770	1875	1898

1. . . . 2. . . . 3. . . . 4. . . .

G. Karneval. Ergänze die Lücken mit dem Partizip des passenden Verbs aus der Liste.

MODELL: In Süddeutschland wird der Karneval „Fasching"

_____*genannt*_____ .

verzichtet
~~genannt~~
gefeiert
gezeigt

1. Der Karneval wird in vielen Städten Deutschlands mit Paraden, mit

Straßenumzügen, _____ .

2. Der Rosenmontagsumzug in Köln wird im Fernsehen

_____ .

3. Am Aschermittwoch, dem Beginn der Fastenzeit, wird von vielen Leuten auf Fleisch

_____ .

H. Was wurde von wem gemacht? Schreib Sätze im Passiv Imperfekt mit den Informationen aus der Tabelle.

„Lilli Marleen"	WER: Marlene Dietrich WAS: singen
„Die Zauberflöte"	WER: Wolfgang Amadeus Mozart WAS: komponieren
„Maria Stuart"	WER: Friedrich Schiller WAS: schreiben
der Dieselmotor	WER: Rudolf Diesel WAS: erfinden
„Himmel über Berlin"	WER: Wim Wenders WAS: machen

MODELL: „Lilli Marleen" wurde von Marlene Dietrich gesungen.

1. _____

   _____

2. _____

   _____

3. _____

   _____

4. _____

   _____

I. Der „Staudacher Hof". Lies die Anzeige des Restaurants. Folge dem Beispiel und schreibe Sätze im Aktiv mit **man.**

MODELL: Man isst und trinkt gut.

1. _____

2. _____

3. _____

4. _____

5. _____

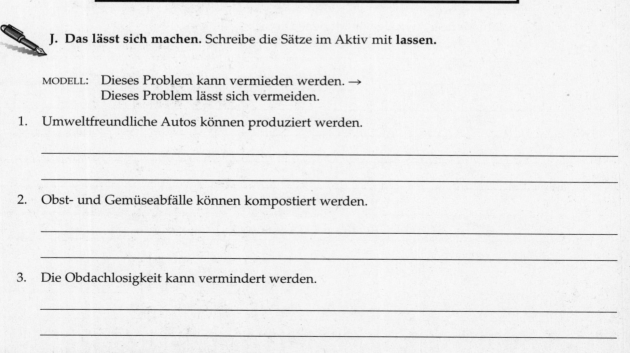

Restaurant Staudacher Hof
— wo gut gegessen und getrunken wird —

- Hier wird wie bei Mutter gekocht!
- Alle Zutaten werden täglich frisch eingekauft!
- Alle Speisen werden freundlich an den Tisch gebracht!
- Jeden Samstag wird klassische Musik gespielt!
- Am 31. Dezember wird hier Silvester gefeiert.

Hotel Restaurant Staudacher Hof

Mo–Sa 11–23 Uhr   *Sonntag Ruhetag*

J. Das lässt sich machen. Schreibe die Sätze im Aktiv mit **lassen.**

MODELL: Dieses Problem kann vermieden werden. →
Dieses Problem lässt sich vermeiden.

1. Umweltfreundliche Autos können produziert werden.

_____

_____

2. Obst- und Gemüseabfälle können kompostiert werden.

_____

_____

3. Die Obdachlosigkeit kann vermindert werden.

_____

_____

K. Was man in Deutschland für den Umweltschutz macht. Schreib die Sätze mit **man** um.

MODELL: Die Umwelt wird geschützt. →
Man schützt die Umwelt.

1. Altbatterien werden gesammelt.

_____

2. Verpackungsmaterial wird vermieden.

_____

3. Jedes Jahr wird weniger Energie verbraucht.

_____

4. Einwegflaschen werden zum Recycling gebracht.

_____

5. Autoabgase werden reduziert.

_____

6. Energiesparende Häuser werden gebaut.

_____

L. Und bei dir? Was wird bei dir zu Hause gemacht? Schreibe Sätze im Passiv.

MODELL: morgens → Morgens wird bei mir zu Hause sehr schnell gefrühstückt.

1. morgens

_____

_____

2. abends

_____

_____

3. am Wochenende

_____

_____

4. an meinem Geburtstag

_____

_____

5. im Urlaub

_____

_____

EINBLICKE

🎧 **A. Was ist „in", was ist „out"?** Du hörst jetzt einen Text über Modetrends für Mädchen und Jungen. In welcher Reihenfolge werden die Kleidungsstücke erwähnt? Nummeriere die Bilder von 1 bis 6.

a. _____   b. _____   c. _____   d. _____

e. _____   f. _____

🎧 **B. Aktuelle Trends für Mädchen und für Jungen.** Du hörst den Text noch einmal. Ordne die Kleidungsstücke der passenden Kategorie zu: M für Mädchen, J für Jungen, oder B für beide (Mädchen *und* Jungen).

1. _____ gestreifte T-Shirts   5. _____ T-Shirts mit Karomuster

2. _____ Tops mit Spaghettiträgern   6. _____ lange Röcke

3. _____ Hosen mit aufgenähten Taschen 7. _____ Klamotten in Babyrosa und Knallrot

4. _____ Schichtröcke   8. _____ das gute alte Käppi

C. Stimmt das oder stimmt das nicht? Finde die Aussagen aus dem Text und kreuze die richtige Antwort an.

Wortschatz zum Lesen

schaden	*to harm*	jucken	*to itch*
genäht	*sewn*	Pickel	*pimples*
Abwasser	*waste water*	Weichspüler	*fabric softeners*

UMWELTFREUNDLICHE KLAMOTTEN

Hast du das gewusst? Auch Klamotten können der Umwelt schaden. Wieso? Zuerst sind da die langen Transportwege. Die Baumwolle kommt aus Afrika oder Amerika. Die Farben kommen aus Belgien. Genäht werden die Klamotten dann in der Türkei—da ist es billiger. Resultat: fast 10.000 km Transportweg.

Dann kommen die Chemikalien. Allein in Deutschland werden im Jahr eine halbe Million Tonnen Chemikalien in der Textilindustrie verarbeitet. Ein großer Teil dieser Chemikalien kommt aber ins Abwasser und belastet dann die Flüsse. Reste der Chemikalien bleiben aber auch in den Stoffen zurück, die wir am Körper tragen. Resultat: immer mehr Leute haben Allergien, die Haut juckt und man bekommt Pickel.

Zuletzt sind die Klamotten aus Synthetik, Polyacryl, Polyester, Nylon oder Elasthan. Diese Stoffe werden aus Erdöl oder Kohle hergestellt und man verbraucht dabei wahnsinnig viel Energie. Das Wasser wird dabei auch sehr stark verschmutzt. Resultat: irgendwann landen auch synthetische Klamotten auf dem Müll und hier können sie nie biologisch abgebaut werden.

Einige Tipps für umweltfreundliche Mode:

- Möglichst nur Sachen aus Naturfasern wie Baumwolle oder Wolle kaufen.
- Am besten nur Sachen, die mit Naturprodukten gefärbt und wenig chemisch behandelt sind.
- Neue Kleider immer zuerst waschen, damit Chemiereste entfernt werden.
- Keine Weichspüler verwenden: sie sind extrem schlecht für Gewässer.

	JA	NEIN
1. Baumwolle kommt aus Asien.	☐	☐
2. Farben kommen aus Berlin.	☐	☐
3. Genäht wird in der Türkei.	☐	☐
4. Deutschland verbraucht 500.000 Tonnen Chemikalien in der Textilindustrie pro Jahr.	☐	☐
5. Reste von Chemikalien bleiben in den Klamotten.	☐	☐
6. Klamotten aus Synthetik verschmutzen die Umwelt nicht.	☐	☐
7. Klamotten aus Synthetik können biologisch nicht abgebaut werden.	☐	☐
8. Weichspüler sind gut für die Umwelt.	☐	☐

D. Fragen zum Text. Beantworte die folgenden Fragen zum Text in der Aktivität C.

1. Warum werden die Klamotten in der Türkei genäht? _____

_____

2. Wie lange ist der Transportweg für viele Klamotten? _____

_____

3. Wohin kommt ein großer Teil der Chemikalien? _____

_____

4. Warum haben immer mehr Leute Allergien? _____

_____

5. Woraus werden viele Stoffe hergestellt? _____

_____

6. Welche Naturfasern sollte man kaufen? _____

_____

7. Warum sollte man neue Kleider immer zuerst waschen? _____

_____

PERSPEKTIVEN

Hör mal zu!

A. Großer Auftritt. Am ersten Schultag trifft man ganz neue Typen—
oder nicht? Hör zu und ergänze die Lücken.

HENNING, 18:   Ich war ein Jahr in den _____,[1] das hat meinen

Kleiderstil geprägt. Als ich dort am ersten Tag in die

_____[2] kam, fühlte ich mich komisch. Ich hatte

Levis und Skaterschuhe an und eine Kette am Portemonnaie. Jetzt

kann ich die Sachen nicht mehr sehen. Ich habe mich in den USA

ganz neu nach der _____[3] dort eingekleidet.

Solche Sachen hatte ich vorher noch nie gesehen. Ich habe nicht

darüber nachgedacht, was meine _____[4]

hier am ersten Schultag sagen. Ich habe in den USA gelernt, dass

man nicht so viel darauf hören sollte.

DANIELA, 15:   Ich habe schon am Abend vorher überlegt, was ich anziehen soll.

Das blaue Batikkleid ist mein _____,[5]

weil es mich an den Urlaub erinnert. Zu dem Kleid passten am

besten Plateau-_____.[6] Ich habe ganz viele

Ringe getragen und meine Fingernägel

_____[7] lackiert.

JÖRG, 18:   Am ersten Schultag hatte ich _____[8] Sachen an.

Sofort sagte jemand: „Bist du doof, du trägst schwarz und es ist

heiß." Ich bin nicht doof, aber ich kann morgens früh nie das

_____[9] einschätzen. Meine neue Frisur hat den

meisten gut gefallen. Dabei war der Schnitt nicht ganz freiwillig.

Ich war mit mehreren Leuten im Urlaub. Dort hatte meine

Freundin die Idee, meine _____[10] blau zu

färben. Doch meine Haare wurden statt dessen grau. Plötzlich

sagte einer: „Mit kurzen Haaren würdest du

_____[11] aussehen." Dann haben wir eine Schere

genommen und jeder hat ein bisschen abgeschnitten. Zum Glück hatten wir keinen

Rasierapparat.

B. Fragen. Hör zu und beantworte die Fragen, die du über Henning, Daniela und Jörg hörst.

1. . . .   2. . . .   3. . . .   4. . . .   5. . . .

Lies mal!

Wortschatz zum Lesen

entwerfen	*to design*	der Schnitt	*paper pattern*
die Stoffmesse	*textile fair*	begutachtet	*approved*
sammeln	*to collect*	die Schneiderei	*tailor shop*
der Kundenkreis	*clientele*	die Textilkunde	*textile science*
der Entwurf	*design*	durchführbar	*feasible*

Traumberuf Modedesigner

Der Modedesigner entwirft Mode, von der er hofft, dass sie in der nächsten Saison zum Trend wird. Für diesen Beruf braucht man vor allem kreatives Talent und einen Sinn für die Kombination von Farben, Formen und Materialien. Um vorauszusehen, was in der nächsten Saison gefallen wird, informieren sich Designer in den Modemetropolen der Welt. Auf Stoffmessen sieht der Designer die Materialien, die er für seine neue Kollektion verwenden möchte.

Zuerst sammeln die Designer Ideen und dann geht es ans Entwerfen. Dabei müssen sie wissen, für welchen Kundenkreis sie gerade entwerfen. Außerdem müssen die Entwürfe so gestaltet sein, dass sie in Schnitte umsetzbar sind. Nachdem ein Erstschnitt erstellt wurde, wird ein Prototyp des Modells genäht und begutachtet. Wenn die Prototypen angenommen werden, wird das Modell in die Kollektion aufgenommen. Die neue Kollektion wird auf Modemessen vorgeführt, wo man die einzelnen Modelle auch bestellen kann.

Um ein guter Modedesigner zu werden, sollte man nicht nur kreativ und phantasievoll sein, sondern am besten bereits eine Handwerkslehre in einer Schneiderei gemacht haben und sich in der Textilkunde auskennen. Die erfolgreichsten Modedesigner sind die, die wissen, was nähtechnisch durchführbar ist oder nicht. Eine Schneiderlehre dauert zwischen 2 und 3 Jahren und die Ausbildung zum Modedesigner ebenfalls 2,5 bis 3 Jahre.

 C. Zum Wortschatz: Was ist das? Welche Definition ist richtig?

1. ____ die Saison
2. ____ die Stoffmesse
3. ____ der Schnitt
4. ____ das Handwerk
5. ____ die Lehre

a. das Erlernen eines Handwerks
b. ein Beruf, in dem man mit Werkzeugen und mit der Hand Sachen herstellt
c. ein Treffen von Stofffabrikanten, bei dem sie ihre neuen Stoffe vorstellen
d. ein Zeitabschnitt oder Zeitpunkt im Jahr
e. eine Papiervorlage, nach der man Kleidung aus Stoff herausschneidet

D. Kurze Fragen zum Text. Beantworte die folgenden Fragen.

1. Was sind die Aufgaben einer Modedesignerin / eines Modedesigners?

   _____

   _____

2. Welche Talente braucht ein Designer?

   _____

   _____

3. Welche Ausbildung haben die meisten Designer?

   _____

   _____

4. Wie lange dauert die Ausbildung zum Modedesigner?

   _____

   _____

5. Findest du den Beruf Modedesigner interessant? Warum? Warum nicht?

   _____

   _____

Schreib mal!

E. Eine Berufsbeschreibung. Beschreib einen Beruf, den du interessant findest. Vergiss dabei nicht die folgenden Informationen:

- Welche Interessen und Talente sind wichtig für diesen Beruf?
- Was für eine Ausbildung braucht man?
- Wie lange dauert die Ausbildung?
- Was sind die Aufgaben einer Person, die in diesem Beruf arbeitet?

_____

_____

_____

_____

_____

_____

_____

_____

_____

Name _____

Datum _____

Klasse _____

WIEDERHOLUNG 7

VIDEOTHEK

 In welcher Reihenfolge hörst du das? Nummeriere die Aussagen von 1 bis 6.

_____ Das Praktikum ist absolut voll. Kein Platz mehr.

_____ Ich brauch's für mein Vordiplom.

_____ Na ja, vielleicht kann ich dir helfen.

_____ Noch mal, vielen Dank.

_____ Tja, wer zu spät kommt . . .

_____ Wir sehen uns dann im Praktikum, ja?

„Es tut mir schrecklich Leid."

VOKABELN

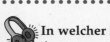 **A. Wie ist das?** Ergänze die Sätze mit den Wörtern, die du hörst.

1. Klara ist nicht feige, sondern _____.

2. Recycling ist nicht umweltfeindlich, sondern _____.

3. Der Professor ist nicht ungerecht, aber _____.

4. Organischer Müll gehört nicht in den gelben, sondern in den braunen

   _____.

5. Mein Freund hält Umweltschutz für _____.

 B. Wie sehen diese Dinge aus? Beschreibe die Kleidungsstücke mit Adjektiven aus dem Kasten.

Du hörst: Die Bluse war weiß. Nun ist sie rot.
Du sagst: Sie ist gefärbt.
Du hörst: Richtig, sie ist gefärbt.

1. der Rock
2. der Schlafanzug
3. die Hose
4. das Kleid
5. der Schal

geblümt
~~gefärbt~~
gemustert
gepunktet
gestreift
kariert

C. Was gehört wohin? Ordne die Wörter der richtigen Kategorie zu.

~~die Studiengebühren~~	das Besteck	die Verpackung
~~die Gabeln~~	die Vorlesung	die Dose
~~die Schlagzeile~~	der Leserbrief	der Bericht
~~die Einwegflasche~~	die Plastiktüte	der Umweltsünder
der Vortrag	die Mensa	die Serviette
die Pfanne	der Topf	das Studentenwohnheim
der Abfall	das Abendessen	das schwarze Brett
die Lokalnachrichten	die Tagesschau	die Sendung

UNIVERSITÄT	KÜCHE	MEDIEN	UMWELT
die Studiengebühren	*die Gabeln*	*die Schlagzeile*	*die Einwegflasche*

D. Stimmt das oder stimmt das nicht? Finde die Aussagen aus folgendem Brief und kreuze die richtige Antwort an.

> Liebe Caroline,
>
> das muss ich dir unbedingt erzählen. Du weißt doch, dass ich es überhaupt nicht mag, wenn jemand am Morgen pfeift. Mein Mitbewohner tut es jeden Morgen. Gestern habe ich etwas übertrieben reagiert und habe ihm verboten, zu pfeifen. Natürlich hat er mit mir diskutiert. Wir hatten einen richtigen Streit. Vom Pfeifen sind wir dann zu ganz anderen Themen, wie zum Beispiel zum Thema Recycling in unserer WG gekommen. Du musst nämlich wissen, dass die Männer es damit nicht so genau nehmen. Ich habe ihm erklärt, dass es wichtig ist, weil man damit die Umwelt schützen kann. Er hat behauptet, es wäre zu ermüdend und die Klimaveränderung könnte man damit auch nicht beeinflussen. Ihm ist es zu anstrengend, immer daran zu denken, den Müll zu trennen. Ich habe ihn gebeten, wenigstens die Plastiktüten mehrmals zu verwenden. Ich war so wütend, dass ich ihn angeschrien habe, wie sehr ich es bedaure, dass es so ignorante Menschen wie ihn gibt. Jetzt sprechen wir nicht mehr miteinander.
>
> Tschüss! Deine Liese

	JA	NEIN
1. Liese mag es, wenn jemand am Morgen pfeift.	☐	☐
2. Liese hat sich mit ihrem Mitbewohner gestritten.	☐	☐
3. Ihr Mitbewohner hat nie saubergemacht.	☐	☐
4. Sie haben über Recycling diskutiert.	☐	☐
5. Ihr Mitbewohner recycelt nicht.	☐	☐
6. Er glaubt, alle sollen recyceln.	☐	☐
7. Die beiden reden immer noch miteinander.	☐	☐

STRUKTUREN

A. Daniela und Martin sprechen über ihren Morgen. Hör zu und ergänze die fehlenden Reflexivpronomen.

DANIELA: Also, heute war wieder ein hektischer Morgen. Ich musste schon um sechs Uhr aufstehen.

Zuerst habe ich _____[1] schnell einen Tee gekocht, dann habe ich

_____[2] kurz geduscht und _____[3] die Zähne geputzt.

Dann habe ich _____[4] noch schnell gekämmt und bin aus dem Haus

gegangen.

MARTIN: Bei mir war's ganz gemütlich. Ich habe _____[5] zuerst mal an den Tisch in

der Küche gesetzt, habe _____[6] eine Tasse Tee gemacht und zwei Eier

gekocht. Dann hat mein Freund Ulf angerufen und _____[7] mit mir über das

Examen unterhalten. Er will _____[8] nämlich auch nächstes Semester

anmelden. Nach dem Früstück habe ich _____[9] rasiert und

_____[10] die Zähne geputzt, dann bin ich zur Uni gefahren.

B. Definitionen. Beschreibe die Wörter, die du hörst, mit Relativsätzen.

Du hörst: Wie würdest du eine Informatikerin beschreiben?
Du liest: Informatikerin = eine Frau: sie arbeitet mit Computern.
Du sagst: Eine Informatikerin ist eine Frau, die mit Computern arbeitet.
Du hörst: Eine Informatikerin ist eine Frau, die mit Computern arbeitet.

1. Verkäufer = ein Mann: er verkauft Sachen.
2. Waschmaschine = ein Haushaltsgerät: es wäscht die Kleidung.
3. Leserbrief = ein Brief: ihn schreibt man an eine Zeitung.
4. Schlafanzug = ein Kleidungsstück: in ihm schläft man.
5. Schal und Handschuhe = Klamotten: sie trägt man im Winter.
6. Tagesschau = eine Sendung: sie kann man im Fernsehen und im Internet sehen.
7. Lokalnachrichten = Berichte: sie kann man in der Zeitung lesen.
8. Volleyball = ein Sport: bei ihm kann man viel Spaß haben.

C. Was würdest du in diesen Situationen machen? Reagiere auf die folgenden Situationen mit Sätzen im Konjunktiv.

1. Du solltest deine Freunde im Kino treffen. Du wartest schon seit 20 Minuten auf sie, aber sie kommen nicht. Was würdest du machen?

   Ich würde . . . _____

   _____

2. Du hast den Geburtstag deiner Mutter vergessen. Was würdest du machen?

   _____

   _____

3. Du hast im Restaurant gegessen und getrunken. Als du bezahlen willst, merkst du, dass du kein

   Geld hast. Was würdest du machen? _____

   _____

4. Du siehst einen Mann im Kaufhaus, der zwei neue Handschuhe in seine Tasche steckt. Was

   würdest du machen? _____

   _____

D. Zwei Studierende. Vergleiche das Studentenleben von Thorsten und Birgit. Schreib sieben Sätze mit dem Komparativ.

„Hallo, ich bin Thorsten. Seit einem Jahr studiere ich Tiermedizin. Ich habe zwar nur ein kleines Zimmer in einer WG, aber dafür gibt es bei uns eine große, helle Küche. Und die Miete ist echt günstig. Ich zahle nur 300 DM im Monat. Meine Eltern schicken mir 800 DM im Monat, aber trotzdem muss ich Geld dazu verdienen. Ich arbeite bei einer kleinen Computerfirma, weil mich Computer total interessieren. Sonst ist mein Semester ziemlich ruhig. Ich arbeite dreimal in der Woche und habe vier Seminare an der Uni."

„Guten Tag! Ich heiße Birgit. Ich studiere seit drei Jahren Publizistik. Ich wohne in einem großen Einzimmerappartement, nur leider ist die Küche ein bisschen zu klein und sehr dunkel. Die Miete beträgt DM 800, aber meine Eltern helfen mir mit DM 500 im Monat. Außerdem verdiene ich noch durch meine Arbeit in einem Restaurant. Das mache ich viermal in der Woche. Mein Semester ist wahnsinnig anstrengend, denn im Herbst will ich mich zur Magisterprüfung anmelden und belege deshalb jetzt fünf Seminare."

MODELL: Birgit studiert länger als Thorsten.

1. _____

2. _____

3. _____

4. _____

5. _____

6. _____

7. _____

22 EIN NEUES GEMÄLDE

Name _____

Datum _____

Klasse _____

VIDEOTHEK

A. In welcher Reihenfolge hörst du das? Nummeriere die Aussagen von 1 bis 7.

a. ____ Beeindruckend. Es sieht aus, als ob er selbst im Raum wäre.

b. ____ Ich glaube, es heißt „Die roten Pferde" und ist von Franz Marc.

c. ____ Das ist von Max Beckmann und heißt „Selbstportrait im Smoking".

d. ____ Hm, es ist romantisch und geometrisch zur gleichen Zeit.

e. ____ Es ist ein Bild von Feininger und heißt „Die Vogelwolke".

f. ____ Das bringt mich auf eine Idee.

g. ____ Tolle Farben hat er benutzt.

B. Was ist richtig? Hör zu und kreuze die richtigen Antworten an.

1. ____ Die Bilder in der Galerie kosten ____ .
   a. 200 DM
   b. 20 DM
   c. 2 000 DM

2. ____ Das Bild auf dem Flohmarkt scheint von ____ zu sein.
   a. August Macke
   b. Pablo Picasso
   c. Gustav Klimt

3. ____ Das Bild ist vielleicht ____ wert.
   a. 1 000 000 DM
   b. 200 000 DM
   c. 300 000 DM

4. ____ Was sagt man, wenn man die Aufmerksamkeit auf etwas lenken will?
   a. Hör mal auf!
   b. Guck mal!
   c. Zeig mal!

C. Was fehlt? Hör zu und ergänze die fehlenden Wörter.

RESTAURATOR: Ja, ich habe eine gute und eine schlechte _____[1] für Sie. Welche zuerst?

FRAU STUMPF: Die schlechte.

RESTAURATOR: Das _____[2] ist leider nicht echt.

FRAU STUMPF: Na ja, egal ob echt oder unecht, also mir _____[3] das Bild trotzdem!

HERR STUMPF: Und die gute Nachricht?

RESTAURATOR: Ja, die gute Nachricht: Der _____[4] ist sehr _____[5]. Den würde ich Ihnen abkaufen.

HERR STUMPF: Für _____ _____[6]?

RESTAURATOR: 2 000 Mark.

FRAU STUMPF: Och, nee, nee. Also, ein bisschen was Echtes wollen wir zu Hause auch an der Wand hängen haben.

VOKABELN

 A. Wo ist das? Hör zu und setze die fehlenden Wörter ein.

1. Das Hotel „Slovan" ist an der _____ Hauptstraße und Wikingergasse.

2. Die Augustinerkirche ist _____ von der Galerie Graf.

3. Das Naturkundemuseum liegt in der _____ der Stadt.

4. Das Schloss liegt um die _____ vom Naturkundemuseum.

5. Das Restaurant „Wagner" ist in der _____ der Katharinenstraße.

B. Was ist da? Du hörst eine Wegbeschreibung. Schau auf den Stadtplan und sage, was an dem Ziel zu sehen ist.

Du hörst: Man fährt mit der S-Bahn bis zur Gartenstraße. Was ist da?
Du sagst: die Margarethenkirche
Du hörst: Ja, die Margarethenkirche.

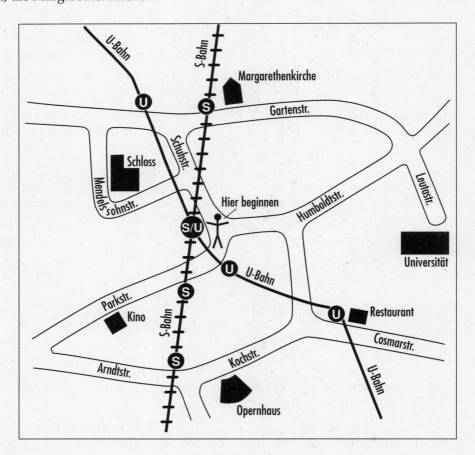

1. . . . 2. . . . 3. . . . 4. . . . 5. . . .

C. Wo arbeiten diese Personen? Hör zu und kreuze an.

	WERNER	ANETTE	MICHAEL	DAGMAR	MAJA	ROBERT
im Juweliergeschäft	☐	☐	☐	☐	☐	☐
im Schreibwarengeschäft	☐	☐	☐	☐	☐	☐
auf dem Flohmarkt	☐	☐	☐	☐	☐	☐
in der Tierhandlung	☐	☐	☐	☐	☐	☐
in der Boutique	☐	☐	☐	☐	☐	☐
in der Galerie	☐	☐	☐	☐	☐	☐

D. Wo kauft man diese Dinge? Hör zu und beantworte die Fragen.

Du hörst: Wo kauft man Aspirin?
Du sagst: Das kauft man in der Apotheke.
Du hörst: Ach so, das kauft man in der Apotheke.

Die kauft man auf dem Flohmarkt.

Den kauft man im Juweliergeschäft.

Die kauft man im Reformhaus.

Die kauft man im Schreibwarengeschäft.

Die kauft man in der Boutique.

Die kauft man in der Galerie.

Die kauft man in der Tierhandlung.

1. ...   2. ...   3. ...   4. ...   5. ...   6. ...   7. ...

E. Buchstabenmix! Ordne die Buchstaben so, dass sie ein sinnvolles Wort ergeben.

1. ortfso   (*Adverb*)   _____

2. enWar   (*Substantiv*)   die _____

3. eRahmn   (*Substantiv*)   der _____

4. undsteÜber   (*Substantiv*)   die _____

5. rigeübns   (*Adverb*)   _____

6. egW   (*Substantiv*)   der _____

7. fungeähr   (*Adverb*)   _____

F. Welches Wort passt wohin? Setze die richtigen Wörter aus dem Kasten ein.

1. Das _____

   an der Ecke hat tolle Kugelschreiber.

2. Am besten schmeckt das Brot aus dem

   _____ .

3. Ich schlage vor, wir fahren mit der alten

   _____ .

4. Übrigens war Katrin nicht mit mir

   _____ .

5. Bücher, die man _____

   kauft, sind manchmal billiger.

6. Der Ring meiner Mutter ist sehr

   _____ .

7. Nordamerika ist _____

   weg von Deutschland.

8. Diese Geschenkidee ist sehr

   _____ .

9. Dieses alte Auto ist für die Autobahn nicht

   _____ .

antiquarisch

geeignet

originell

Reformhaus

sauer

Schreibwarengeschäft

Straßenbahn

weit

wertvoll

G. Wegbeschreibung! Schau auf den Stadtplan von Berlin und beschreib einem Touristen den Weg vom INFORMATIONSAMT zur SIEGESSÄULE. Verwende dabei die Ausdrücke: **die Straße entlang, an . . . vorbei** und **geradeaus.**

Gehen Sie hier rechts die Tauentzienstraße entlang.

_____

_____

_____

_____

_____

_____

_____

_____

_____

STRUKTUREN

· ·

 A. Ein Stadtbummel. Rolf und Marianne erzählen von ihrem letzten Einkaufsbummel. Hör zu und nummeriere die Sätze in der richtigen Reihenfolge von 1 bis 5.

____ In einer Galerie sahen sie wertvolle Gemälde.

_1_ Am Samstag fuhren Rolf und Marianne mit der S-Bahn in die Stadt.

____ Im Juweliergeschäft kaufte Rolf Schmuck für Marianne.

____ Sie kamen zum Flohmarkt und sahen einen antiken Spiegel.

____ Sie gingen ins Museum und betrachteten Kunstwerke.

 B. Kindheitserinnerungen. Hör zu und beantworte die Fragen mit Hilfe der Informationen aus der Tabelle.

Du hörst: Was wollte Katrin werden?
Du sagst: Katrin wollte Pilot werden.
Du hörst: Katrin wollte Pilot werden.   1. . . .   2. . . .   3. . . .   4. . . .   5. . . .

	wollte	**mussten**	**durften**	**konnte**	**mochte**	**sollte**
Ali					kein Fleisch essen	pünktlich ins Bett gehen
Katrin	Pilot werden			alles machen, was sie wollte		
Conny und Rolf		am Sonntag um 6 Uhr aufstehen	nicht mit dem Computer spielen			

 C. Ullas Lebenslauf. Hör zu und gib an, was Ulla wann machte.

____ 5 Jahre   ____ 20 Jahre   a. Sie ging auf die Grundschule.

____ 6 Jahre   ____ 24 Jahre   b. Sie schrieb sich an der Uni ein.

____ 19 Jahre   ____ 25 Jahre   c. Sie machte das Staatsexamen.

d. Sie reiste nach Australien.

e. Sie machte das Abitur.

f. Sie kam in den Kindergarten.

 D. Wie war das mit Ulla? Hör zu und beantworte die Fragen mit Hilfe der Informationen, die du in Aktivität C aufgeschrieben hast.

Du hörst: Was machte Ulla, als sie fünf Jahre alt war?
Du liest: 5 Jahre / Sie kam in den Kindergarten.
Du sagst: Als sie fünf Jahre alt war, kam sie in den Kindergarten.
Du hörst: Als sie fünf Jahre alt war, kam sie in den Kindergarten.

✒ **E. Und du?** Schreibe jeweils einen Satz im Imperfekt darüber, was du in diesem Alter gemacht hast.

1. Als ich 3 Jahre alt war, _____

   _____

2. Als ich 6 Jahre alt war, _____

   _____

3. Als ich 10 Jahre alt war, _____

   _____

4. Als ich 12 Jahre alt war, _____

   _____

🎧 **F. Michaela auf dem Oktoberfest.** Hör zu und ergänze die Lücken.

Michaela musste lange mit dem Zug fahren, bis sie endlich in München

_____.[1] Nachdem sie in einer Pension ein preiswertes Zimmer

gefunden hatte, _____[2] sie Freunde und sie fuhren

zusammen zum Oktoberfest. Dort _____[3]

später etwas Schreckliches. Die Kellnerin brachte die Rechnung, aber

Michaela _____[4] ihre Handtasche nicht finden. Die

Freunde zahlten für sie und Michaela _____[5] die

Polizei. Als sie endlich wieder in die Pension kam, _____[6] sie ihre Handtasche auf

dem Bett.

🎧 **G. Einkaufen in der Stadt:** *wenn, wann* **oder** *als?* Du hörst sechs Sätze. Kreuze an, welches Wort in diesen Sätzen vorkommt.

	WENN	WANN	ALS
1.	☐	☐	☐
2.	☐	☐	☐
3.	☐	☐	☐
4.	☐	☐	☐
5.	☐	☐	☐
6.	☐	☐	☐

H. Was macht man, wenn . . . ? Hör zu und beantworte die Fragen.

Du hörst: Was macht man, wenn das Wetter kalt ist?
Du liest: warme Klamotten anziehen
Du sagst: Wenn das Wetter kalt ist, zieht man warme Klamotten an.
Du hörst: Wenn das Wetter kalt ist, zieht man warme Klamotten an.

1. Badehose und Badeanzug mitnehmen
2. einen Tisch reservieren
3. ins Schreibwarengeschäft gehen
4. in eine Galerie gehen
5. ein Glas Wasser oder Limonade trinken
6. mit dem Bus oder der Straßenbahn fahren

I. Biographische Notizen. Folge dem Modell und schreib Sätze mit Hilfe der Informationen aus der Tabelle.

Hassan		Brigitta
als er sechs Jahre alt war	*kam in die Grundschule*	als sie sieben Jahre alt war
wenn er das Examen gemacht hat	*will in die USA reisen*	wenn sie von ihren Eltern genügend Geld bekommt
als er in die Schule ging	*wohnte bei den Eltern*	als sie noch in Köln lebte
als seine Familie eine Austauschschülerin aus Italien hatte	*lernte Italienisch*	als sie ein Praktikum in Italien machte
wenn seine Freundin nicht mehr studiert	*will heiraten*	wenn ihr Freund eine Arbeit gefunden hat

MODELL: *Als er sechs Jahre alt war, kam Hassan in die Grundschule.*

Brigitta kam in die Grundschule, als sie sieben Jahre alt war.

1. _____
   _____

2. _____
   _____

3. _____
   _____

4. _____
   _____

J. Zu spät in der Schule: *Wann, wenn* oder *als*? Ergänze die richtigen Wörter.

_____[1] Maria heute Morgen in die Schule kam, war sie ein bisschen zu spät dran. Der Lehrer fragte sie: „_____[2] bist du heute Morgen aufgestanden?" Sie ist zwar pünktlich um sieben Uhr aufgestanden, aber _____[3] sie aus dem Haus gehen wollte, merkte sie, dass sie ihre Hausaufgaben auf dem Schreibtisch vergessen hatte. Immer _____[4] Maria abends Hausaufgaben macht, lässt sie sie auf dem Schreibtisch liegen. _____[5] sie endlich zur U-Bahn kam, war die U-Bahn schon weggefahren. Der Lehrer war ein bisschen böse und sagte: „_____[6] du morgen wieder zu spät kommst, muss ich wohl mal mit deinen Eltern sprechen."

K. Herr Decker erzählt vom Familienurlaub in Hameln. Ergänze die Lücken in den Sätzen links mit den Satzteilen von rechts.

Das Rattenfängerdenkmal in Hameln

1. Letztes Jahr ____ nach Hameln.

2. Ich ____ beim Reisebüro Nissen.

3. In Hameln ____, in der es jeden Morgen ein ausgezeichnetes Frühstück gab.

4. In der historischen Altstadt ____ viele Gebäude aus der Renaissance.

5. Mein Sohn Bernhard ____ im Bürgergarten und ich war im Münster St. Bonifatius.

6. Die ganze Familie ____ das Rattenfängerglockenspiel.

7. Insgesamt ____ vier Tage.

8. Wir ____ Postkarten.

a. sahen wir
b. fuhren wir mit der Bahn
c. buchte die Reise
d. hörte
e. ging zu den Wasserspielen
f. schrieben natürlich an alle Freunde
g. dauerte der Aufenthalt
h. fanden wir eine kleine Pension

Name _____ Datum _____ Klasse _____

L. Der Rattenfänger von Hameln: eine Sage der Gebrüder Grimm. Ergänze die Lücken mit den passenden Imperfektformen der Verben in Klammern.

Im Jahr 1284 _____ [1] (leben) ein seltsamer Mann in Hameln, der einen bunten Rock

_____ [2] (tragen). Er _____ [3] (sagen), dass er für Geld die Stadt

von allen Mäusen und Ratten befreien würde.

Die Bürger von Hameln _____ [4] (versprechen) ihm das Geld und der

Rattenfänger holte eine Pfeife aus seiner Tasche und _____ [5] (beginnen), auf ihr zu

blasen. Da _____ [6] (kommen) bald alle Ratten und Mäuse aus allen Häusern und

_____ [7] (stehen) um den Mann herum. Er _____ [8] (gehen) aus der

Stadt hinaus zum Fluss. Die Tiere _____ [9] (folgen) ihm und ertranken im Wasser.

Als die Bürger befreit _____ [10] (sein), _____ [11] (wollen) sie dem

Rattenfänger das versprochene Geld nicht mehr bezahlen. Da _____ [12] (werden)

der Mann böse und _____ [13] (laufen) aus der Stadt.

Am 26. Juni _____ [14] (kommen) er jedoch zurück. Er _____ [15]

(tragen) ein Jägerkostüm und einen merkwürdigen roten Hut. Während die Bürger von Hameln in

der Kirche _____ [16] (sein), _____ [17] (spielen) der Rattenfänger

wieder ein Lied auf seiner Pfeife. Diesmal _____ [18] (kommen) nicht nur die Mäuse

und Ratten aus den Häusern, sondern auch alle Kinder der Stadt _____ [19] (rennen)

zu ihm. Der Rattenfänger _____ [20] (führen) die Kinder zum Stadttor hinaus auf

einen Berg, wo er mit ihnen _____ [21] (verschwinden).

Nur zwei Kinder _____ [22] (kommen) in die Stadt zurück, aber eines

_____ [23] (sein) blind und _____ [24] (können) den Weg nicht zeigen

und das andere Kind _____ [25] (sein) stumm und _____ [26]

(können) die Geschichte nicht erzählen. 130 Kinder _____ [27] (sein) verschwunden

und man _____ [28] (sagen), dass sie durch eine lange Höhle

_____ [29] (gehen) und in Siebenbürgen wieder heraus_____ [30]

(kommen).

EINBLICKE

Berlin: Wir gehen aus! Hier findest du einige kurze Anzeigen zu Veranstaltungen in Berlin.

Heute

a. 🎵 **Konzerthaus Berlin**

11.00 Novalis-Trio; Mendelssohn-Bartholdy: „Lieder ohne Worte" Es-Dur op. 53 Nr. 2; Mozart: Fugen für Streichquartett c-Moll; Fugen aus J. S. Bachs „Wohltemperiertem Klavier"; Preisträgerkonzert des 35. Regionalwettbewerbs „Jugend musiziert"

b. 🎭 **Eis-Theater**

11.00, 15.30, 20.00 — Holiday on Ice

c. 📖 **Frauentreff am Amalienpark**

14.00 „Lese und Lache" — Frauen und Mädchen lesen ihre Lieblingsmärchen und Kurzgeschichten.

d. 🎵 **Fantasy-Zelt**

15.30 „Der Herr der Ringe" — Fantasy-Musical

e. 👥 **Ernst-Reuter-Saal**

16.00 Studio für Historischen Tanz Berlin: ein Tanzsaal erzählt Vier Jahrhunderte Tanz in der Wiener Hofburg mit dem Studio für Historischen Tanz Berlin

f. 🎵 **Kulturhaus**

19.00 „Eine Reise durch die Welt" — Trio Bravo + Akkordeonensemble der Musikschule Weißensee — Russische Folklore

g. 📖 **Literarisches Kolloquium**

19.00 „Ungarische Literatur — Budapest in Berlin" — Eintritt frei

h. 🎵 **Ratskeller Köpenick**

20.00 Emil Rutgers Jazzband — Dixieland aus New Orleans

i. 🎵 **Piano Pub**

21.00 Downtowners (Australien) — Blues und Jazz

Durchgehend

j. 🏛 **Ägyptisches Museum**

Schlossstr. 70, Tel. 20 90 55 55, Di–Fr 10–18, Sa/So 11-18, Amarna Sammlung: Originalbüsten der ägyptischen Königin Nofretete und des Königs Echnaton aus Tell el-Amarna (14. Jh. v. Chr.), Kunst- und Kulturgeschichte des pharaonischen Ägyptens, Papyrussammlung / Variationen über Nofretete

k. 🔧 **Deutsches Technikmuseum**

Trebbiner Str. 9, Tel. 25 48 40, Di–Fr 10–17, Do bis 20, Sa/So 10-18 Uhr, Experimentieren im Berliner Science Center; Oldtimer-Depot, Möckernstr. 26 / Anhalter Güterbhf. (Di–Fr 10–15, Sa/So 10–17 Uhr) / Historische Brauerei (Di–So 10–17 Uhr) / Die Rosinenbomber — Symbole der Berliner Nachkriegsgeschichte / Schatzkammer deutscher Industriegeschichte

A. Kategorien. Überfliege die Anzeigen. Welche Anzeige(n) passen in jede Kategorie?

MODELL: Kunst: ___*j*___

1. Literatur: _____   4. Technologie: _____

2. Musik: _____   5. Theater: _____

3. Tanz: _____

B. Berlin ist multikulturell. Welche Länder sind in den Veranstaltungen vertreten? Mach eine Liste.

1. _____   5. _____

2. _____   6. _____

3. _____   7. _____

4. _____

C. Deine Familie zu Besuch. Deine ganze Familie kommt zu Besuch nach Berlin. Suche für jedes Familienmitglied eine Veranstaltung aus, die er oder sie interessant finden wird.

      MODELL: __ℓ__ Mutter: Sie interessiert sich sehr für Tanz.

1. ____ Vater: Er hat neulich eine Reihe von Büchern über Ramses, den berühmten ägyptischen Pharao gelesen und ist ein richtiger Ägyptenliebhaber geworden.

2. ____ Bruder Robbie: Er ist Hobbit-Fan und träumt auch davon, dass er professioneller Schlittschuhläufer wird.

3. ____ Onkel Ernst: Er bastelt gern und arbeitet gern an jedem Gerät mit einem Motor. Als Hobby baut er alte Automodelle nach.

4. ____ Tante Mimi: Sie ist begeisterte Feministin. Sie hat auch früher mal deutsche Literatur studiert.

5. ____ Vetter Frank: Seine besten Freunde, Vik und Roland, sind aus Ungarn. Er weiß viel über die Kultur und kann sogar ein bisschen Ungarisch sprechen.

6. ____ Opa Karl: Er hat als sehr junger Mann im Zweiten Weltkrieg gekämpft und er war kurz nach dem Krieg in Berlin stationiert.

7. ____ Oma Anna: Sie ist in den USA aufgewachsen und hört gern Dixieland.

D. Telefonische Auskunft. Einige Touristen möchten Informationen zu den Veranstaltungen. Schau dir die Anzeigen noch mal an und beantworte die Fragen der Touristen.

1. Wie ist die Telefonnummer fürs Ägyptische Museum?

_____

2. Ich möchte gerne die Show „Holiday on Ice" sehen, aber ich habe nur nachmittags Zeit. Gibt es machmittags eine Vorstellung? Wann fängt sie an?

_____

3. Ich habe von einer Ausstellung über die Rosinenbomber gehört. In welchem Museum ist das, und wie ist die Adresse?

_____

4. Ich möchte gerne mit meinen Kindern in ein Musical gehen. Läuft zur Zeit in Berlin etwas Interessantes?

_____

5. Wie heißt die Vorstellung mit Akkordeonmusik?

_____

6. Wann findet das Konzert im Konzerthaus Berlin statt?

_____

PERSPEKTIVEN

Hör mal zu!

A. Das Deutsche Museum in München. Hör zu und ergänze die Lücken.

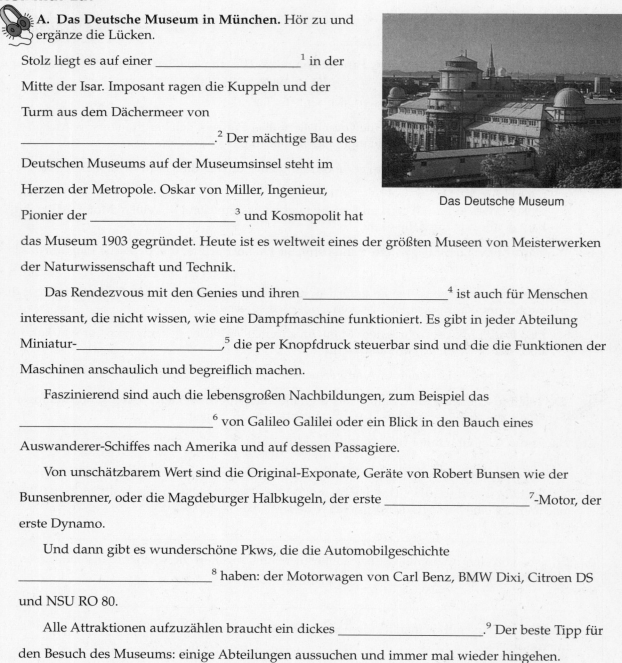

Das Deutsche Museum

Stolz liegt es auf einer _____[1] in der Mitte der Isar. Imposant ragen die Kuppeln und der Turm aus dem Dächermeer von _____.[2] Der mächtige Bau des Deutschen Museums auf der Museumsinsel steht im Herzen der Metropole. Oskar von Miller, Ingenieur, Pionier der _____[3] und Kosmopolit hat das Museum 1903 gegründet. Heute ist es weltweit eines der größten Museen von Meisterwerken der Naturwissenschaft und Technik.

Das Rendezvous mit den Genies und ihren _____[4] ist auch für Menschen interessant, die nicht wissen, wie eine Dampfmaschine funktioniert. Es gibt in jeder Abteilung Miniatur-_____,[5] die per Knopfdruck steuerbar sind und die die Funktionen der Maschinen anschaulich und begreiflich machen.

Faszinierend sind auch die lebensgroßen Nachbildungen, zum Beispiel das _____[6] von Galileo Galilei oder ein Blick in den Bauch eines Auswanderer-Schiffes nach Amerika und auf dessen Passagiere.

Von unschätzbarem Wert sind die Original-Exponate, Geräte von Robert Bunsen wie der Bunsenbrenner, oder die Magdeburger Halbkugeln, der erste _____[7]-Motor, der erste Dynamo.

Und dann gibt es wunderschöne Pkws, die die Automobilgeschichte _____[8] haben: der Motorwagen von Carl Benz, BMW Dixi, Citroen DS und NSU RO 80.

Alle Attraktionen aufzuzählen braucht ein dickes _____.[9] Der beste Tipp für den Besuch des Museums: einige Abteilungen aussuchen und immer mal wieder hingehen.

B. Frageecke. Du hörst den Text noch einmal. Hör zu und mach dir Notizen. Beantworte dann die Fragen, die du hörst.

gegründet:

von?

wann?

in jeder Abteilung:

bester Tipp:

Du hörst: Wo liegt das Deutsche Museum?
Du sagst: Es liegt auf einer Insel in der Mitte der Isar.
Du hörst: Es liegt auf einer Insel in der Mitte der Isar.

1. . . .   2. . . .   3. . . .   4. . . .

Lies mal!

Hier siehst du einen Ausschnitt aus einem Mietvertrag im Hundertwasserhaus Wien.

Wortschatz zum Lesen

das Fensterrecht	*window privilege*	die Außenwand	*outside wall*
der Mietvertrag	*rental agreement*	umzugestalten	*to redesign*
die Vermieterin	*lessor*	entsprechen	*to suit*
der Mieter, die Mieterin	*lessee, tenant*	soweit	*as far as*
der Bewohner	*resident*	reichen	*to reach*
lehnen	*to lean*		

Willkommen im Hundertwasserhaus
Das erste Haus mit Fensterrecht

MIETVERTRAG

abgeschlossen zwischen der Stadt Wien, als Vermieterin, und Herrn/Frau/Firma _____ als Mieter/-in:

1. Die Vermieterin vermietet und der Mieter mietet die Wohnung Nr. _____ im Hundertwasserhaus, 1030 Wien, Löwengasse 41–43 / Kegelgasse 34–38 auf unbestimmte Zeit. Zu diesem Mietobjekt gehört ein Kellerabteil und eine Gartenterrasse im Ausmaß von _____ m^2. Mietbeginn ist _____ .

2. Vermietet ist nur der Innenraum des Mietobjekts. Der Mieter ist darüber hinaus zur Ausübung des „Fensterrechtes" berechtigt.

   Im Sinne des Satzes von Hundertwasser:
   „ein Bewohner muss das Recht haben, sich aus seinem Fenster zu lehnen und außen an der Außenwand alles umzugestalten, so wie es ihm entspricht, soweit sein Arm reicht, damit man von weitem, von der Straße sehen kann: dort wohnt ein Mensch"
   darf der Mieter die zu seinem Mietobjekt gehörige Außenfront und zwar soweit sein Arm reicht um sein Fenster herum kreativ-schöpferisch umgestalten. Der Mieter muss hierfür jedoch die Zustimmung des Stadtbauamtes und der Baubehörde einholen. Der Vermieterin sind die genehmigten Veränderungen anzuzeigen.

C. Fragen zum Text. In dem Mietvertrag, den du eben gelesen hast, steht ein Zitat von Friedensreich Hundertwasser über das „Fensterrecht": „Ein Bewohner muss das Recht haben, sich aus seinem Fenster zu lehnen und außen an der Außenwand alles umzugestalten, so wie es ihm entspricht, soweit sein Arm reicht, damit man von weitem, von der Straße sehen kann: dort wohnt ein Mensch."

1. Wie verstehst du das „Fensterrecht"? Was darf der Mieter / die Mieterin machen?

   _____

   _____

2. Warum gibt es das „Fensterrecht" im Hundertwasserhaus? Was muß man von der Straße sehen können?

   _____

   _____

3. Was hältst du von diesem „Fensterrecht"? Findest du es gut? Warum (nicht)?

   _____

   _____

Schreib mal!

D. Dein Fensterrecht. Beschreibe dein Fenster, wie es jetzt von außen aussieht, und wie du es gern hättest.

- Wie sehen dein Fenster und die Außenwand jetzt aus?
- Möchtest du gern das Fenster und die Außenwand verändern?
- Wie würde das Fenster aussehen? die Außenwand?
- Wie sollen die Menschen auf der Straße das alles interpretieren?

_____

_____

_____

_____

_____

_____

_____

_____

Ein Hundertwasserfenster

KAPITEL 23 DER HAUSMANN

VIDEOTHEK

"Gerade heute!"

 A. In welcher Reihenfolge hörst du das? Nummeriere die Aussagen von 1 bis 8.

a. ____ Pscht, er schläft.

b. ____ Mann, das macht ja so keinen Spaß mehr!

c. ____ Muss wahrscheinlich Babybrei kochen.

d. ____ Ich komme sofort.

e. ____ Hallo! Da bin ich!

f. ____ Gerade heute!

g. ____ Hab' dich nicht so!

h. ____ Das ist jetzt das dritte Mal . . .

 B. Was ist richtig? Hör zu und umkreise die richtige Lösung.

1. Heiner ist (Hausfrau / Hausmann).

2. Frau Stumpf wartet auf (ihre Schwiegertochter / ihren Schwiegersohn).

3. Roswita ist (bei der Arbeit / krank).

4. Heiner (ist arbeitslos / hat Erziehungsurlaub).

5. Männer können in Deutschland (Erziehungsurlaub / keinen Erziehungsurlaub) nehmen.

C. Was sagt man? Hör zu und verbinde die passenden Ausdrücke.

1. ____ wenn man etwas gut findet

2. ____ wenn man ein Problem nicht lösen kann

3. ____ wenn man frustriert ist

a. „So geht das nicht weiter!"

b. „Das finde ich ja gut."

c. „Da kann man nichts machen."

VOKABELN

● ●

A. Familie oder Sport? Du hörst sieben Begriffe. Gib die passende Kategorie an: S für Sport oder F für Familie.

Du hörst: Hausmann
Du schreibst: F

1. ____   4. ____   7. ____

2. ____   5. ____

3. ____   6. ____

B. Familien in Deutschland. Hör zu und ergänze die Lücken mit den Wörtern, die du hörst.

In Deutschland geht die Zahl der traditionellen _____[1] heutzutage zurück. Viele

Paare leben in _____[2] für beide Partner. Individuelle

Freiheit spielt eine wichtige Rolle. Oft helfen die Männer im Haushalt. Und nicht nur die Frau

_____[3] für die Kinder und macht den Haushalt. Männer können auch

_____[4] nehmen und sauber machen. Ein Mann, der zu Hause bleibt und

auf die Kinder aufpasst, wird heute „_____"[5] genannt. Vor ein paar Jahren

war das noch anders, aber da gab es mehr _____[6] als heute.

C. Was macht diesen Personen Spaß? Formuliere Sätze.

Du hörst: Was macht Gerd Spaß?
Du liest: Gerd: Pferderennen
Du sagst: Pferderennen macht ihm Spaß.
Du hörst: Pferderennen macht ihm Spaß.

1. Anna: Schlittschuhlaufen
2. Michael: Rudern
3. Heidi: Bladen

4. Falk: Rollschuhlaufen
5. Tina: Reiten
6. Sabine: Schilaufen

D. Anjas Gedanken. Negiere Anjas Aussagen.

Du hörst: Die Arbeit war heute einfach.
Du sagst: Nein, die Arbeit war heute anstrengend.
Du hörst: Nein, die Arbeit war heute anstrengend.

wichtig   anstrengend   spannend

berufstätig   perfekt

1. . . .   2. . . .   3. . . .   4. . . .

E. Was passt? Setze passende Wörter aus dem Kasten ein.

1. Nenne ein anderes Wort für Team.

   _____

2. Wie nennt man Leute, die bei den Spielen

   zuschauen? _____

3. Wie nennt man Leute, die Sport treiben?

   _____

4. Wie heißt das Ziel, z.B. beim Fußball?

   _____

5. Was müssen die Sportler machen, um fit zu bleiben?

   _____

6. Viele Teams spielen gegeneinander, um das beste

   Team zu finden. _____

das Tor

das Training

das Turnier

die Mannschaft

die Sportler

die Zuschauer

F. Welche Sportart treibst du und wie oft?
Schreibe sechs Sätze.

SPORTART	WIE OFT
Rollschuh laufen	manchmal
Schlittschuh laufen	oft
Schi laufen	regelmäßig
reiten	jeden Tag
Fußball spielen	einmal die Woche
rennen	einmal im Monat
?	selten

MODELL: Ich laufe manchmal Schi.

1. _____

   _____

2. _____

   _____

3. _____

   _____

4. _____

   _____

5. _____

   _____

6. _____

   _____

G. Das kann passieren! Verbinde die Satzteile.

1. ____ Gestern hat mich Marko gefragt,
2. ____ Natürlich habe ich
3. ____ Aber heute Morgen bin ich
4. ____ Die Vorlesung hatte
5. ____ Ich habe also beschlossen,
6. ____ Als das Telefon klingelte,
7. ____ Er war aber nicht sauer, sondern sagte,

a. dass er bladen gehen wollte!
b. ob ich ihn heute mit zur Uni nehmen könnte.
c. schon angefangen.
d. versprochen, ihn abzuholen.
e. viel zu spät aufgewacht.
f. wusste ich, dass es Marko war.
g. zu Hause zu bleiben und aufzuräumen.

H. Was hat Laurenz Bergmann gemacht? Kreuze die logische Verbindung an und schreibe Sätze im Perfekt.

	schreiben	gewinnen	mitnehmen	sein	besteigen
die Lotterie		X			
1. seinen Freund auf eine Weltreise					
2. den Mount Everest					
3. Hausmann					
4. ein Buch darüber					

MODELL: die Lotterie + gewinnen →
Laurenz Bergmann hat die Lotterie gewonnen.

1. _____

_____

_____

2. _____

_____

_____

3. _____

_____

_____

4. _____

_____

_____

I. Beschreibe, was du siehst! Schreibe sechs Sätze über diese Szene oder über etwas, was du heute auf der Straße gesehen hast. Jeder Satz soll ein Adjektiv enthalten.

öffentlich   perfekt

spannend

anstrengend

einzig   berufstätig

1. _____
   _____
   _____

2. _____
   _____
   _____

3. _____
   _____
   _____

4. _____
   _____
   _____

5. _____
   _____
   _____

6. _____
   _____
   _____

STRUKTUREN

. . . .

 A. Futur oder Konjunktiv? Andi spricht über seine Zukunft und seine Träume. Hör zu und schreibe die jeweilige Verbform von **werden** oder **würden** in die richtige Spalte der Tabelle.

Du hörst: Nächstes Jahr werde ich hoffentlich das Abitur machen.
Du schreibst: werde (unter Futur)

	Futur	**Konjunktiv**
	werde	
1.		
2.		
3.		
4.		
5.		
6.		
7.		

B. Alban und Thomas treffen sich in der Cafeteria. Hör zu und ergänze die Lücken.

ALBAN: Grüß dich, Thomas. Jetzt _____[1] ich doch beinahe an dir vorbeigegangen.

THOMAS: Ich _____[2] dich auch nicht gesehen, wenn Daniela und Kirsten mir nicht

gesagt _____,[3] dass du hier bist. Wir kommen gerade vom Chemiekurs.

Eigentlich _____[4] wir ja viel lieber zu Hause geblieben.

ALBAN: Ach, was für ein Dilemma. Ihr _____[5] euch ja für einen Biologiekurs

einschreiben können, wenn Chemie euch zu langweilig ist. Übrigens, wo wart ihr gestern

Abend? Ich dachte, wir wollten ins Kino gehen?

THOMAS: Ja, das tut mir Leid, aber wenn ich ins Kino gegangen _____,[6]

_____[7] ich nicht für meine Prüfung lernen können. Du

_____[8] doch auch nicht gekommen, oder?

ALBAN: Das stimmt. Wenn ich heute eine Prüfung _____,[9] _____[10]

ich gestern auch nicht weggegangen.

C. Was wünschen sich diese Leute? Hör zu und kreuze an, wer sich was wünscht.

Du hörst: PHILIP: Mein Auto ist total kaputt. Ich wünschte, ich bräuchte kein neues Auto.
Du kreuzt an: Philip, bräuchte kein neues Auto

	Philip	Susi	Steffen	Alrun	Michi	Sybil
wäre in Afrika						
hätte mehr Geld						
könnte Klavier spielen						
hätte schon das Abitur						
bräuchte kein neues Auto	X					
dürfte weggehen						

D. Frageecke. Hör jetzt zu und beantworte die Fragen mit Hilfe der Informationen aus der Tabelle in Aktivität C.

Du hörst: Was wünscht sich Philip?
Du sagst: Er wünschte, er bräuchte kein neues Auto.
Du hörst: Er wünschte, er bräuchte kein neues Auto.

E. Wenn das Leben doch einfacher wäre. Hör zu und sag, was im Leben besser sein könnte.

Du liest: Hausaufgaben / interessanter sein
Du sagst: Ach, wenn doch die Hausaufgaben interessanter wären!
Du hörst: Ach, wenn doch die Hausaufgaben interessanter wären!

1. die Stühle im Klassenzimmer / bequemer sein
2. ich / morgen keine Prüfung haben
3. das Essen in der Cafeteria / besser sein
4. wir / Semesterferien haben
5. die Pause / länger sein

F. Was wünschen sich die Deutschen für 1999? Hör zu und beantworte die Fragen mit Hilfe der Informationen aus der Statistik.

Du hörst: Wie viel Prozent der Deutschen wären am liebsten gesund?
Du sagst: 98 Prozent der Deutschen wären am liebsten gesund.
Du hörst: 98 Prozent der Deutschen wären am liebsten gesund.

Was ist Ihr größter persön- licher Wunsch für 1999?

GESUNDHEIT	98
GLÜCKLICHES FAMILIENLEBEN	88
SICHERHEIT UND ORDNUNG IM ÖFFENTLICHEN LEBEN	81
LIEBE UND PARTNERSCHAFT	80
PERSÖNLICHE SICHERHEIT	80
DAS LEBEN GENIESSEN	74
URLAUB UND REISEN	59
GELD UND WOHLSTAND	58
BERUFLICHER ERFOLG	51
DEN ALTEN ARBEITSPLATZ BEHALTEN	44
WENIGER ARBEIT, MEHR FREIZEIT	25
EINEN NEUEN ARBEITSPLATZ FINDEN	17
NEUE WOHNUNG, NEUES HAUS	16

1. . . .   2. . . .   3. . . .   4. . . .   5. . . .

 G. Was würden Erika und Markus machen, wenn . . . ? Beantworte die Fragen wie im Modell.

MODELL: Was würde Erika machen, wenn sie Antiquitäten kaufen wollte? (auf den Flohmarkt gehen) →
Wenn Erika Antiquitäten kaufen wollte, würde sie auf den Flohmarkt gehen.

1. Was würde Markus machen, wenn er Schi laufen wollte? (in die Berge fahren)

_____

_____

2. Was würde Erika machen, wenn ihr Zimmer unordentlich wäre? (das Zimmer aufräumen)

_____

_____

3. Was würde Markus machen, wenn er heute Abend Zeit hätte? (Freunde besuchen)

_____

_____

4. Was würde Erika machen, wenn sie zum Fußballspiel ginge? (einen Ball mitnehmen)

_____

_____

5. Was würde Markus machen, wenn er sich fit halten wollte? (im Park bladen)

_____

_____

H. Gestern mussten viele Studenten für die Zwischenprüfung lernen. Was hätten sie lieber gemacht? Beantworte die Fragen mit Hilfe der Zeichnungen unten.

MODELL: Marco hätte lieber einen Film gesehen.

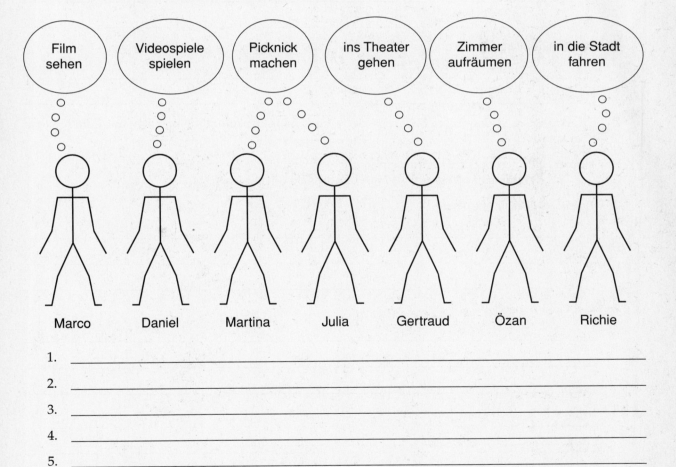

1. _____

2. _____

3. _____

4. _____

5. _____

I. Der ewige Querulant. Herr Unterhuber fährt in den Urlaub, aber nichts gefällt ihm. Schreib Sätze im Konjunktiv.

MODELL: Der Zug ist voll. →
Ach, wenn doch der Zug nicht so voll wäre!

1. Das Personal ist unfreundlich.

_____

_____

2. Das Taxi fährt schnell.

_____

_____

3. Das Hotel hat kein Restaurant.

_____

_____

4. Der Urlaub ist kurz.

_____

_____

J. Was wäre, wenn du . . . ? Schreibe Sätze im Konjunktiv mit den Elementen aus dem Kasten. Sei kreativ!

MODELL: Professor/Professorin sein →
Wenn ich Professor wäre, würde ich viele Bücher lesen.

1. Präsident/Präsidentin sein

_____

_____

_____

2. viel Geld haben

_____

_____

_____

3. Schauspieler/Schauspielerin sein

_____

_____

_____

EINBLICKE

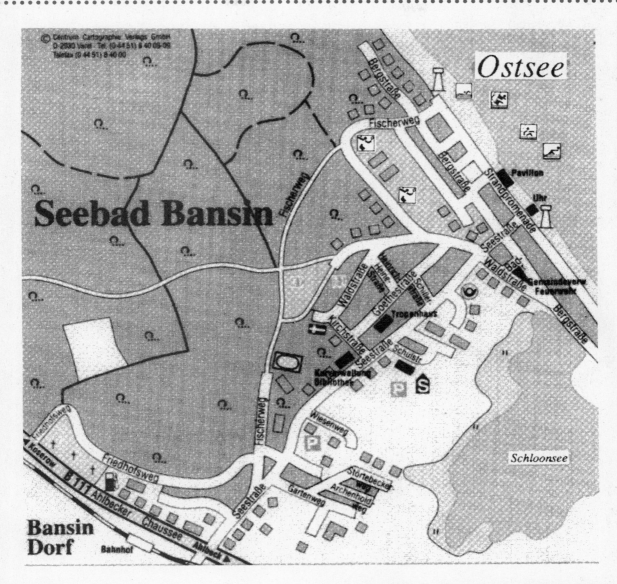

Ostsee

Seebad Bansin

Schloonsee

Bansin Dorf

 A. Sport in Bansin an der Ostsee. Schau auf den Stadtplan vom Seebad Bansin. Beantworte die Fragen, die du hörst.

Du hörst: Ich möchte schwimmen. Kann man in Bansin schwimmen?
Du sagst: Ja, in Bansin kann man schwimmen.
Du hörst: Schön! In Bansin kann man schwimmen.
   oder
Du hörst: Erik möchte Schi laufen. Kann man in Bansin Schi laufen?
Du sagst: Nein, in Bansin kann man nicht Schi laufen.
Du hörst: Schade. In Bansin kann man nicht Schi laufen.

1. . . .   2. . . .   3. . . .   4. . . .   5. . . .

Sport, Freizeit und Sehenswürdigkeiten

- Badestrand
- Hallenbad
- Segeln
- Motorboote erlaubt
- Surfing
- Wasserski
- Bootsverleih
- Angeln erlaubt
- Reiten
- Golf
- Minigolf
- Tennis
- Rundflug

B. Sportarten in Heringsdorf. Stell dir vor, du möchtest in Heringsdorf Sport treiben. Du rufst das Touristikbüro an und stellst Fragen. Markiere die Antworten, die du hörst.

Du liest: Golf spielen
Du sagst: Kann man in Heringsdorf Golf spielen?
Du hörst: Nein, in Heringsdorf kann man nicht Golf spielen.
Du kreuzt an: Golf spielen: NEIN

SPORTANGEBOT IN HERINGSDORF

	JA	NEIN
Golf spielen	☐	☑
1. rudern	☐	☐
2. angeln	☐	☐
3. surfen	☐	☐
4. Schi laufen	☐	☐
5. reiten	☐	☐
6. Rollschuh laufen	☐	☐

PERSPEKTIVEN

• •

Hör mal zu!

A. Au-pair-International. Herr Meyer ruft bei einer Au-pair-Vermittlungsagentur an, um nähere Informationen über Au pairs zu bekommen. Hör zu und ergänze die fehlenden Wörter.

FRAU MEIXNER: Hallo, hier Au-pair-International, Meixner am Apparat, wie kann ich Ihnen

_____ [1]?

HERR MEYER: Ja, guten Tag, hier Meyer. Ich _____ [2] gern Informationen über Au pairs.

FRAU MEIXNER: Gern, Herr Meyer, was möchten Sie denn wissen?

HERR MEYER: Also, zuerst _____ [3] ich genau wissen, was ein Au pair eigentlich

macht. Ein _____ [4] hat mir schon davon erzählt, aber ich bin noch etwas verwirrt.

FRAU MEIXNER: Ein Au pair kommt aus einem anderen Land, um in Deutschland die Menschen, die

Kultur und die _____ [5] kennen zu lernen.

HERR MEYER: Ja, das hört sich ganz gut an. Und wo _____ [6] Au pairs, wenn sie in Deutschland sind?

FRAU MEIXNER: Au pairs wohnen immer bei den _____, [7] die sie anstellen. Sie genießen

deren Schutz und Geborgenheit. Dafür hilft das Au pair bei _____ [8] und betreut die Kinder.

HERR MEYER: Das ist ja genau, was wir suchen. Ich will wieder arbeiten und meine Frau ist auch

_____. [9] Wir brauchen jemanden, der auf unseren Sohn aufpasst. Aber was kostet denn ein Au pair?

FRAU MEIXNER: Für eine Au-pair-Vermittlung berechnet unsere Agentur _____ [10] Mark.

Darüber hinaus bekommen Au pairs _____ [11] zwischen 400 und 600 Mark, eine Krankenversicherung, einen Sprachkurs und natürlich freie Kost und Logis. Meistens bekommen Au pairs auch eine Autoversicherung.

HERR MEYER: Und was muss man machen, wenn man ein Au pair will?

FRAU MEIXNER: Ich kann ihnen den Familienfragebogen zuschicken. Den füllen Sie aus und

_____ [12] ihn mit 265 Mark an uns zurück. Wenn Sie einen Computer haben, können Sie das alles auch übers Internet machen.

HERR MEYER: Ist ja toll. Geben Sie mir bitte gleich Ihre Web- und E-Mail-Adressen. Haben Sie eigentlich

im Augenblick Leute, die als Au pair hierher _____ [13] wollen?

FRAU MEIXNER: Sie haben _____ [14] Glück, Herr Meyer. Heute Morgen ist eine Bewerbung aus Mexiko gekommen. Wenn Sie wollen, schicke ich sie Ihnen sofort per E-Mail zu.

HERR MEYER: Vielen Dank für Ihre Hilfe. Ich _____ [15] sofort alles mit meiner Frau besprechen. Wir lassen bald von uns hören.

FRAU MEIXNER: Also dann bis bald, auf Wiederhören.

HERR MEYER: Auf Wiederhören.

B. Frageecke. Beantworte die Fragen, die du hörst, mit Hilfe der Informationen aus den Sprechblasen.

Du hörst: Was möchte Herr Meyer von Frau Meixner?
Du sagst: Herr Meyer möchte Informationen über Au pairs.
Du hörst: Ja, Herr Meyer möchte Informationen über Au pairs.

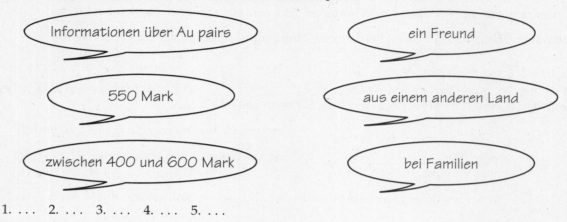

Informationen über Au pairs

ein Freund

550 Mark

aus einem anderen Land

zwischen 400 und 600 Mark

bei Familien

1. . . .   2. . . .   3. . . .   4. . . .   5. . . .

Lies mal!

Wortschatz zum Lesen			
der Strauß	*bouquet*	mit'm	= mit einem
vorstellen	*to represent*	fuffzehn	= fünfzehn
was	= etwas		

„hochzeitstag"
ich hätt gern
einen blumenstrauß
für meine frau

soll was vorstellen
soll was besseres sein
mit'm bißchen grün

so bis
fuffzehn mark

—*Harald Hurst*

TIPP ZUM LESEN

Sometimes the style of the language in a text helps you to understand its meaning better. The poem **hochzeitstag** has some words that are spelled as you might hear them spoken. Using **was** for **etwas** is common in everyday German. The words **mit'm** and **fuffzehn** represent sloppy speech. As you read the poem think about these questions.

- What flavor might such language add to the poem?
- How does the language affect the meaning?

C. Hochzeitstag feiern. Der Titel des Gedichts von Harald Hurst ist „hochzeitstag". Typischerweise feiern Ehepartner ihren Hochzeitstag jedes Jahr an dem Tag, an dem sie geheiratet haben. Wie feiert man den Hochzeitstag in deinem Land? Schenkt man sich normalerweise etwas?

_____

_____

D. Zusammenfassung. Wie verstehst du dieses Gedicht? Fasse es in einem Satz zusammen. Beantworte dann die folgenden Fragen.

ZUSAMMENFASSUNG:

_____

_____

_____

1. Wer ist das Ich im Gedicht?

_____

2. Wo ist diese Person?

_____

3. Was macht die Person?

_____

4. Warum macht sie es?

_____

5. Wie soll der Blumenstrauß aussehen?

_____

6. Wie teuer darf der Blumenstrauß höchstens sein?

_____

E. Der Kontext beeinflusst den Text. Lies das Gedicht noch einmal und entscheide dann, ob folgende Aussagen wahrscheinlich sind oder nicht. Was meinen die anderen? Habt ihr verschiedene Meinungen?

	WAHRSCHEINLICH	UNWAHRSCHEINLICH
1. Der Mann hat letztes Jahr den Hochzeitstag vergessen.	☐	☐
2. Der Mann ist arbeitslos oder verdient wenig.	☐	☐
3. Der Mann kauft sehr oft Blumen.	☐	☐
4. Der Mann interessiert sich überhaupt nicht dafür, wie der Blumenstrauß aussieht.	☐	☐
5. 15 Mark ist für diesen Mann nicht viel Geld.	☐	☐
6. Der Mann will, dass seine Frau denkt, er hat ihr billige Blumen gekauft.	☐	☐

F. Verstehst du das Gedicht jetzt anders? Wenn du deine Zusammenfassung von Aktivität D verändern willst, dann mach das jetzt hier.

ZUSAMMENFASSUNG:

_____

_____

_____

_____

_____

Schreib mal!

G. Was denkst du über Geschenke? Sind Geschenke wichtig? Warum? Warum nicht?

_____

_____

_____

_____

_____

_____

_____

_____

_____

_____

H. Ein Dialog. Die Frau im Gedicht spricht am nächsten Morgen mit einer Nachbarin. Kannst du dir vorstellen, was sie sagen? Sagt die Frau etwas über den Hochzeitstag? über Blumen? über ihren Mann? Wie antwortet die Nachbarin? Schreibe einen kurzen Dialog.

FRAU: _____

_____

_____

_____

NACHBARIN: _____

_____

_____

_____

KAPITEL 24 DAS AU PAIR

VIDEOTHEK

A. In welcher Reihenfolge hörst du das? Nummeriere die Aussagen von 1 bis 6.

a. ____ Da müssen Sie sich aber beeilen.

b. ____ Die Läden schließen um vier Uhr.

c. ____ Gefällt's Ihnen in Deutschland?

d. ____ Gut, danke. Ich habe ein Zimmer nur für mich.

e. ____ Haben Sie eine große Familie zu Haus'?

f. ____ Haben Sie viele Geschwister?

„Ich habe Fotos."

B. Was sagt man? Hör zu und verbinde die passenden Ausdrücke.

1. ____ wenn man um Informationen bittet

2. ____ wenn man jemanden willkommen heißt

3. ____ wenn man aufgeregt ist

a. „Heiner Sander. Herzlich willkommen!"
b. „Ich halte das nicht mehr aus!"
c. „Die Maschine aus Mexiko, wo kommt die an?"

C. Was ist richtig? Hör zu und kreuze die richtigen Antworten an.

1. Familie Sander will ____ am Flughafen abholen.

☐ Heiners Schwiegermutter

☐ Roswitas Schwester

☐ ein Au-pair-Mädchen

2. Inéz kommt aus ____.

☐ Mexiko

☐ Spanien

☐ Frankreich

3. Inéz soll ____.

☐ an der Uni studieren

☐ auf Kai aufpassen

☐ im Hotel arbeiten

4. Samstags schließen die Geschäfte in Deutschland ____.

☐ um 4 Uhr

☐ um 5 Uhr

☐ um 6 Uhr

5. Inéz geht ____ einkaufen.

☐ auf dem Flughafen

☐ am Bahnhof

☐ nicht

6. Inéz macht ____ bei Familie Sander.

☐ ein Familientreffen

☐ eine mexikanische Party

☐ einen Spanischkurs

VOKABELN

A. Claudias Reise. Nummeriere die Wörter in der Reihenfolge, in der du sie hörst.

a. ____ die Fahrt

b. ____ die Rückfahrkarte

c. ____ aushalten

d. ____ die Abfahrt

B. Wie ist es anders in Deutschland? Ute erklärt, wie man sich begrüßt und verabschiedet. Hör zu und ergänze die fehlenden Wörter.

Bei uns ist das Begrüßen und Verabschieden eigentlich relativ _____.[1]

Typisch ist das Händeschütteln zur _____,[2] auch wenn man die Person

kennt. Aber wenn man eine Person schon sehr gut kennt, ist das Umarmen eher passend. Eine

_____[3] drückt eine enge Freundschaft oder eine intime Beziehung aus.

Will man sich _____,[4] gilt das Gleiche. Man _____[5]

sich, wenn man sich sehr gut kennt. Ansonsten gibt man einfach die Hand. Ist das

_____[6] bei dir?

C. Claudia und Reiner reisen. Claudia und Reiner machen verschiedene Reisen. Hör zu und beantworte die Fragen, die du hörst, mit den Angaben, die du siehst.

Du hörst: Claudia fährt nach Rom. Wohin fährt Reiner?
Du liest: nach Budapest
Du sagst: Reiner fährt nach Budapest.
Du hörst: Reiner fährt nach Budapest.

1. mit dem Flugzeug
2. eine Flugkarte
3. vom Flughafen
4. zwei Stunden
5. am Terminal 2

D. Stimmt das oder stimmt das nicht? Schau dir das Bild vom Flughafen an. Du hörst fünf Sätze. Hör zu und kreuze die richtige Antwort an.

JA NEIN

1. ☐ ☐
2. ☐ ☐
3. ☐ ☐
4. ☐ ☐
5. ☐ ☐

Ankunft			
Flug-Nummer	Aus	Erwartet	Bermerkungen
236	Mexico	16:00	verspätet
210	Paris	16:20	gelandet
755	Riga	16:45	
684	Amsterdam	17:05	

E. Frageecke. Du hörst jetzt fünf Fragen zum Bild in Aktivität D.

Du hörst: Wo sind diese Personen?
Du sagst: Am Flughafen.
Du hörst: Am Flughafen, richtig.

1. . . .   2. . . .   3. . . .   4. . . .   5. . . .

F. Was passt zusammen? Ordne diese Wörter der passenden Kategorie zu. Schreib R für Reisen oder B für Begrüßen.

1. ____ abfliegen   6. ____ die Umarmung

2. ____ das Händeschütteln   7. ____ die Verspätung

3. ____ der Warteraum   8. ____ Herzlich willkommen!

4. ____ die Begrüßung   9. ____ landen

5. ____ die Fahrt   10. ____ umarmen

G. Eine Reise nach Berlin. Bringe diese Sätze in eine logische Reihenfolge. Nummeriere sie von 1 bis 6.

____ In Berlin steige ich aus dem Zug aus.   ____ Ich verabschiede mich von meinem Freund.

____ Dann steige ich in den Zug ein.   ____ Nach vier Stunden komme ich in Berlin an.

____ Dort begrüßt mich meine Freundin Elli.   ____ Nach zwei Stunden muss ich in Hamburg umsteigen.

H. Was passt? Abfahrt und Ankunft. Verbinde die passenden Satzteile.

1. ____ Die Fahrt von München nach Hamburg   a. ich habe noch keine Flugkarte.
                                                  b. wir eine richtige Party.
2. ____ Für deine Rückfahrt mit dem Zug brauchst c. von Terminal fünf ab.
                                                  d. ist sie nicht pünktlich angekommen.
3. ____ Ich möchte nach Europa fliegen, aber   e. dauert ungefähr acht Stunden.
                                                  f. du noch eine Fahrkarte.
4. ____ Durch die Verspätung des Buses

5. ____ Mein Bus fährt um 15.20 Uhr

6. ____ Wenn du zurückkommst, feiern

I. Nur Verben! Setze die richtigen Verben ein.

1. Mach dir keine Sorgen, Christiane

_____ die neue

Situation.

2. Ich konnte den Lärm auf der Party nicht

_____.

3. Wir werden uns erst im Warteraum

_____.

4. Anstatt eines Händeschüttelns _____ wir uns lieber.

5. Nach Ladenschluss sind alle Geschäfte _____.

gewöhnt sich an
aushalten
verabschieden
geschlossen
umarmen

STRUKTUREN

 A. Vor der Klassenfahrt. Hör zu, was diese Leute gemacht hatten, bevor sie auf Klassenfahrt gingen. Schreibe die Plusquamperfektformen in die Liste.

Du hörst: Saskia hatte im Supermarkt eingekauft.
Du schreibst: hatte   eingekauft

1. Herr Brandmüller: _____ _____

2. Margit: _____ _____

3. Torsten: _____ _____

4. Pia und Jasmin: _____ _____

5. Frau Weyrich: _____ _____

 B. Was passierte zuerst? Joachim erzählt von seinem Tag. Hör zu und kreuze für jede Zeile an, was zuerst passiert ist.

Du hörst: Ich war schon aufgestanden, bevor der Wecker läutete.
Du kreuzt an: Er ist aufgestanden.

1. ☐ Er hat geduscht.   ☐ Er hat Orangensaft getrunken.

2. ☐ Er hat die Zeitung geholt.   ☐ Er hat gefrühstückt.

3. ☐ Er hat mit seiner Mutter telefoniert.   ☐ Er hat sich auf den Weg gemacht.

4. ☐ Er ist in die Stadt gefahren.   ☐ Er hat auf die U-Bahn gewartet.

5. ☐ Er hat mit Freunden gelernt.   ☐ Er ist im Café gewesen.

 C. Joachims Tag. Hör zu und beantworte die Fragen mit Hilfe deiner Liste aus Aktivität B.

Du hörst: Was hatte Joachim gemacht, bevor der Wecker geläutet hat?
Du sagst: Er war aufgestanden, bevor der Wecker geläutet hat.
Du hörst: Er war aufgestanden, bevor der Wecker geläutet hat.

D. Märchen und Sagen. Hör zu und beantworte die Fragen.

Du hörst: Was war passiert, bevor Rotkäppchen zum Haus der Großmutter kam?
Du liest: Wolf: Großmutter fressen
Du sagst: Der Wolf hatte die Großmutter gefressen.
Du hörst: Ach ja, der Wolf hatte die Großmutter gefressen.

1. Hänsel und Gretel: durch den Wald gehen
2. Dornröschen: lange schlafen
3. Rübezahl: unter den Menschen leben
4. der Rattenfänger von Hameln: auf der Pfeife spielen
5. Rapunzel: ihre langen Haare aus dem Fenster hängen
6. der Prinz: ein Frosch sein

E. Was finden diese Leute interessant? Hör zu und kreuze an, wer was interessant findet.

	LYDIA	MARKO	DANA	KARL	INGRID	BASTI
Mathematik erklären	☐	☐	☐	☐	☐	☐
im Internet surfen	☐	☐	☐	☐	☐	☐
in die Galerie gehen	☐	☐	☐	☐	☐	☐
mexikanische Filme sehen	☐	☐	☐	☐	☐	☐
auf dem Flohmarkt bummeln	☐	☐	☐	☐	☐	☐
exotische Gerichte probieren	☐	☐	☐	☐	☐	☐

F. Was macht diesen Personen Spaß? Hör jetzt zu und beantworte die Fragen mit Hilfe der Informationen aus Aktivität E.

Du hörst: Was macht Lydia Spaß?
Du liest: Lydia: auf dem Flohmarkt bummeln
Du sagst: Es macht ihr Spaß, auf dem Flohmarkt zu bummeln.
Du hörst: Es macht ihr Spaß, auf dem Flohmarkt zu bummeln.

G. Was stimmt? Der bekannte Schauspieler Siggi Moosgruber erzählt über sich selbst. Hör zu und kreuze die richtige Antwort an. Wenn die Aussage nicht stimmt, schreibe die richtige Aussage unter die falsche.

	JA	NEIN
1. Siggi Moosgruber findet es interessant, ~~Karten~~ zu spielen. *Theater*	☐	☐
2. Siggi Moosgruber hat keine Lust, durch Deutschland zu reisen.	☐	☐
3. Es macht ihm keinen Spaß, neue Leute kennen zu lernen. *viel*	☐	☐
4. Er findet es anstrengend, abends Briefe zu schreiben.	☐	☐
5. Er hat nie Zeit, die Städte richtig zu besichtigen.	☐	☐
6. Er hofft, bald „König Lear" zu spielen.	☐	☐

H. Muss Ilona das heute noch machen? Hör zu und beantworte die Fragen im Negativ mit **brauchen** + **nicht mehr** + **zu** + Infinitiv.

Du hörst: Muss Ilona heute noch arbeiten?
Du sagst: Nein, sie braucht heute nicht mehr zu arbeiten.
Du hörst: Ach so, sie braucht heute nicht mehr zu arbeiten.

   1. . . .   2. . . .   3. . . .   4. . . .

I. Vermutungen. Hör zu und formuliere Sätze mit **scheinen** + **zu.**

Du hörst: Das Auto fährt nicht mehr.
 Du liest: kaputt sein
Du sagst: Es scheint kaputt zu sein.
Du hörst: Ja, es scheint kaputt zu sein.

   1. krank sein
   2. kein Geld haben
   3. traurig sein
   4. Verspätung haben

J. In den Ferien. Gestern sind alle Leute aus den Ferien zurückgekommen. Was hatten sie in den Ferien unternommen? Schreib Sätze im Plusquamperfekt mit Hilfe der Informationen aus der Tabelle.

Katinka	in die Türkei fahren
Florian	beim Schilaufen sein
ich	eine Radreise durch die Schweiz machen
du	in Italien am Strand liegen
ihr	in den Bergen wandern
Herr und Frau Kamphausen	in einem schönen Hotel schlafen
wir	mit dem Schiff nach Irland reisen

MODELL: Katinka war in die Türkei gefahren.

1. _____

2. _____

3. _____

4. _____

5. _____

6. _____

K. Am Flughafen. Schreibe die Sätze neu im Imperfekt und Plusquamperfekt.

MODELL: Als Marisa am Flughafen ankommt, ist das Flugzeug schon abgeflogen. →
Als Marisa am Flughafen ankam, war das Flugzeug schon abgeflogen.

1. Gert und Axel begrüßen sich, nachdem das Flugzeug angekommen ist.

   _____

   _____

2. Bevor Herr Braun sich auf den Weg zum Flughafen macht, hat er sich von seiner Frau verabschiedet.

   _____

   _____

3. Nachdem die Passagiere eingestiegen sind, fliegt das Flugzeug ab.

   _____

   _____

4. Am Flughafen merke ich, dass ich meinen Reisepass zu Hause vergessen habe.

   _____

   _____

L. Der schwarze Freitag. Dieter ist krank und kann nicht zu seiner Prüfung kommen. Er schickt ein Fax an seine Professorin. Die Professorin glaubt Dieter nicht ganz und erzählt seine Geschichte ihren Kolleginnen. Ersetze die unterstrichenen Sätze durch Sätze mit **scheinen + zu**.

```
                                    Freitag, 13. Juli 1999

        Liebe Frau Professor,

        ich kann am Montag leider nicht zur Prüfung
        kommen. Ich bin krank.¹ Schon seit gestern liege
        ich im Bett.² Ich habe Fieber und Kopfschmerzen.³
        Ich kann nicht schlafen⁴ und ich fühle mich sehr
        schlecht.⁵ Meine Eltern haben den Arzt angerufen,
        aber er kommt erst morgen.⁶ Ich nehme Tabletten,
        aber sie helfen nicht.⁷ Ich werde Sie anrufen,
        wenn es mir besser geht.
        Mit freundlichen Grüßen,

        Ihr

        Dieter Hasenclever
```

MODELL: Er scheint krank zu sein.

1. _____

2. _____

3. _____

4. _____

5. _____

6. _____

7. _____

M. Ein Interview. Im Kasten findest du Fragen für ein kleines Interview mit einem Mitschüler oder einer Mitschülerin. Du kannst das Interview am Telefon oder per E-Mail führen. Schreibe auf, was dein Interviewpartner oder deine Interviewpartnerin antwortet.

> Was macht dir Spaß?
> Was macht dir keinen Spaß?
> Was hast du am Wochenende vor?
> Was findest du interessant?
> Was findest du langweilig?
> Was findest du schön?

Interviewpartner/in : _____ (Name)

ANTWORTEN

MODELL: *Es macht ihm/ihr Spaß, im Winter Schi zu fahren.* _____

1. _____
_____

2. _____
_____

3. _____
_____

4. _____
_____

5. _____
_____

6. _____
_____

EINBLICKE

 A. Was ist richtig? Du hörst einen Bericht über das Internationale Begegnungsfest. Hör zu und kreuze die richtigen Informationen an.

> **Das 7. Internationale Begegnungsfest**
>
>
>
> **Spielend verstehen**
>
> in der Bonner Rheinaue
> (Bus. Linie 66)
>
> • Spiel und Spaß
> • exotische Speisen
> • Getränke

1. Man feiert das Fest ____.
   a. am 10. Juni
   b. am 12. Juli
   c. am 12. Juni

2. Das Fest dauert ____.
   a. von 13 bis 21 Uhr
   b. von 3 bis 20 Uhr
   c. von 10 bis 20 Uhr

3. Über 80 Länder stellen ihre ____ vor.
   a. Klausuren
   b. Künstler
   c. Kulturen

4. Über 100 000 ____ werden erwartet.
   a. Lehrer
   b. Gäste
   c. Bewerber

 B. Frageecke. Du hörst den Bericht noch einmal. Schau die Anzeige und deine Antworten in Aktivität A an. Beantworte dann die Fragen, die du hörst.

Du hörst: Wo feiert man das Internationale Begegnungsfest?
Du sagst: In der Bonner Rheinaue.
Du hörst: In der Bonner Rheinaue.

1. ...   2. ...   3. ...   4. ...   5. ...

PERSPEKTIVEN

•••

Hör mal zu!

A. Multi-Kulti in Haidhausen. Die multikulturelle Gesellschaft—die Existenz verschiedener Kulturen nebeneinander—ist ein Traum vieler Menschen. Doch wo kann man sie finden? Im Münchener Stadtteil Haidhausen haben sich Mädchen und Jungen auf die Suche gemacht. Hör zu und ergänze die Lücken.

WIE GEFÄLLT ES IHNEN IN HAIDHAUSEN?

EIN PASSANT: Haidhausen ist eine sehr multikulturelle Gesellschaft. Hier wohnen sehr viele

_____,[1] sehr viele alte Leute, sehr viele Studenten. Wenn

man im Sommer spazieren geht, fühlt man sich wie im _____.[2]

EINE ITALIENERIN: Hier in Haidhausen ist die Atmosphäre ein bisschen italienisch. Die Leute gehen

spazieren und _____[3] nicht wie in den Einkaufsstraßen im Zentrum.

Ich war auf der Uni in Deutschland. Die Leute _____[4] den ganzen

Tag nebeneinander, aber sie sprechen nicht miteinander. Andererseits, wenn

man hier eine Beziehung hat, ist das eigentlich viel tiefer. Nicht so eine

_____[5] Bekanntschaft wie in Italien.

ALI POYRAZ: Ich habe hier viele deutsche _____[6] gefunden. Leute grüßen mich

auf der Straße und ich grüße sie. Ich gehe nicht in die Innenstadt. Haidhausen reicht

mir, das ist mein Dorf. Ich bin _____[7] hier.

EINE DEUTSCHE: Bei uns in der Metzgerstraße gibt es ein Jugendfreizeitheim. Dort sind viele Ausländer,

die den _____[8] eher feindlich gegenübertreten. Die haben wohl

schlechte Erfahrungen gemacht. Sie sind nicht mehr bereit, mit den Deutschen zu

_____.[9] Ich bin mal mit Freunden hingegangen. Wir sind ziemlich

blöd _____[10] worden. Die haben sich wirklich

zurückgezogen. Wir wussten nicht genau, was wir machen sollen.

EIN DEUTSCHER: Ich _____,[11] in die Treffs muss man wie selbstverständlich

reingehen, nicht mit ängstlichen Blicken. Das _____[12] die dann auch.

Ich bin in solchen Freizeitzentren einer der wenigen Deutschen. Ich gehe mit

_____[13] Freunden hin und spiele Basketball.

EIN TÜRKE: Bei uns in der Türkei treffen sich die _____[14] fast jeden Tag. Sie

trinken Kaffee und Tee und sitzen _____.[15] Das ist in

Deutschland nicht so.

B. Schriftliche Fragen. Du hörst den Text noch einmal. Hör zu und schreibe Antworten zu den folgenden Fragen.

1. Wie ist die Gesellschaft in Haidhausen?

   _____

2. Wer wohnt in Haidhausen?

   _____

3. Wie fühlt man sich im Sommer?

   _____

4. Wie ist die Atmosphäre?

   _____

5. Wie beschreibt die Italienerin Bekanntschaften in Italien?

   _____

6. Wohin geht Ali Poyraz nicht? Warum nicht?

   _____

7. Wo gibt es ein Jugendfreizeitheim?

   _____

8. Wer geht ins Jugendfreizeitheim?

   _____

9. Mit wem geht der deutsche Junge ins Freizeitzentrum?

   _____

Lies mal!

Wortschatz zum Lesen

der Entwicklungshelfer, die Entwicklungshelferin	*development worker, aid worker*
verbessern	*to improve*
beschlossen	*decided*
der/die Erwachsene	*adult*
lösen	*to solve*
vereint	*united*
die Förderung	*support, encouragement, promotion*
das Austauschprogramm	*exchange program*
die Lösung	*solution*
der Fortschritt	*progress*

Ein Brief aus Kenia

3. Oktober
Nairobi

Lieber Jens,

ich habe dir oft erzählt, wie frustrierend es manchmal sein kann, immer eure deutschen Entwicklungshelfer bei uns hier in Kenia zu haben. Sie sind so kurz hier und wollen immer alles sofort ändern, weil sie meinen, sie könnten alles besser als wir. (Natürlich denken nicht alle so. Einige haben tatsächlich gute Ideen und sie arbeiten mit uns zusammen, um unser Leben zu verbessern.)

Eine Gruppe von uns hier an der Uni hat nun beschlossen, Probleme in Deutschland zu studieren. Wir dachten, vielleicht können wir euch auch helfen, einige Sachen besser zu machen. Was meinst du?

Hier sind zwei Probleme, die wir gefunden haben:

1. Die Kinder haben zu wenig Respekt vor den Eltern und anderen Erwachsenen.

Dieses Problem ist schwer zu lösen. Aber ihr müsst mehr Zeit mit euren Kindern verbringen und vor allem den Kindern euren Respekt ihnen gegenüber zeigen. Dann lernen sie, wie Respekt überhaupt aussieht. Das ist ein Anfang. Und ihr müsst den Kindern immer viel über euch, eure Kindheit, eure Familien und Traditionen erzählen.

2. Die Menschen im Osten und die Menschen im Westen verstehen sich nicht.

Das ist ein sehr kompliziertes Problem, aber ihr dürft es nicht ignorieren. Sonst werdet ihr nie richtig ein vereintes Land. Ihr müsst versuchen, euch besser kennen zu lernen. Es sollte mehr Austauschprogramme für junge Leute aus dem Osten und dem Westen geben. Initiativen zur Förderung von Brieffreundschaften und von Partnerschaften zwischen Ost- und Weststädten oder Dörfern könnten auch hilfreich sein.

Wir haben detailliertere Vorschläge zur Lösung dieser Probleme, die ich dir später schicken kann. Wir haben auch andere Probleme gefunden, aber ich wollte dir erstmal ganz kurz schreiben. Sag mir, ob du mehr Details hören willst.

Ich wünsche euch viel Erfolg mit all den Fortschritten, dir ihr bestimmt machen werdet!

Dein

Steven

Wortschatz zum Thema

der Problembereich	*problem area*
die Ernährung	*nutrition*
die Landwirtschaft	*agriculture*
reich	*rich, wealthy*

 C. Zum Thema. Was weißt du über Entwicklungshilfe?

1. In welchen Problembereichen sind typische Entwicklungshelfer tätig?

   a. ____ Armut

   b. ____ Bildung

   c. ____ Energie

   d. ____ Ernährung

   e. ____ Gesundheit

   f. ____ Kommunikation

   g. ____ Landwirtschaft

   h. ____ Umwelt

2. Ein reiches Land schickt Entwicklungshelfer in ein Entwicklungsland, weil . . .

   a. ____ es in einem reichen Land keine Probleme gibt.

   b. ____ ein reiches Land mehr Geld und Know-how hat.

   c. ____ ein Entwicklungsland nicht viele Menschen hat.

D. Fragen und Reaktionen. Beantworte die folgenden Fragen.

1. Welche Probleme sieht Stevens Unigruppe in Deutschland?

   _____

   _____

   _____

2. Was für Ideen hat die Gruppe, um diese Probleme zu lösen?

   _____

   _____

   _____

3. Was hältst du von diesen Vorschlägen?

_____

_____

_____

4. Hast du andere Ideen, wie man diese Probleme lösen könnte?

_____

_____

_____

5. Was meinst du, welche anderen Probleme Stevens Unigruppe identifiziert hat?

_____

_____

_____

Schreib mal!

E. Eine Antwort. Stell dir vor, du bist Jens. Wie würdest du Steven antworten? Was würdest du ihn fragen? Versteht Steven die Probleme in Deutschland? Was hältst du als Deutscher von seinen Lösungen? Beantworte seinen Brief.

_____

_____

_____

_____

_____

_____

_____

_____

_____

_____

_____

_____

_____

_____

F. Steven schreibt noch mal. Was würde die Studiengruppe aus Kenia über dein Land sagen? Welche Probleme würde sie dort finden? Welche Lösungen hätte sie wohl? Stell dir vor, du bist Steven. Schreibe einen Brief von der Studiengruppe an die Menschen in deinem eigenen Land.

_____

_____

_____

_____

_____

_____

_____

_____

_____

_____

_____

_____

_____

_____

_____

_____

_____

_____

_____

_____

_____

_____

_____

WIEDERHOLUNG 8

. . . .

VIDEOTHEK

. . . .

 Wer sagt das? Hör zu und schreib F für Frau Sander oder H für Herrn Sander.

1. ____ Kai hat bloß geschrien.

2. ____ Woher weißt du das?

3. ____ Aber bald ist mein Erziehungsurlaub vorbei.

4. ____ Wir könnten doch ein Kindermädchen nehmen.

5. ____ Aber darüber müssen wir in Ruhe reden.

„Dann bist du dran."

VOKABELN

. . . .

 A. In welcher Reihenfolge hörst du diese Wörter? Nummeriere sie von 1 bis 6.

a. ____ Schlittschuhlaufen   d. ____ Tor

b. ____ treiben   e. ____ Sportart

c. ____ Mannschaft   f. ____ Meisterschaft

B. Wo finde ich das? Hör zu und gib einen Ratschlag.

Du hörst: Ich möchte Leberkäs für heute Abend. Wo finde ich das?
Du sagst: In der Metzgerei.
Du hörst: Ach ja, natürlich! In der Metzgerei.

In der Tierhandlung.

Auf dem Flohmarkt.   Im Juweliergeschäft.   Im Reformhaus.

In der Boutique.   In der Galerie.   In der Metzgerei.

1. . . .   2. . . .   3. . . .   4. . . .   5. . . .   6. . . .

C. Stimmt das oder stimmt das nicht? Finde die Aussagen aus dem Brief und kreuze die richtige Antwort an.

Liebe Elisabeth,

du hast dich immer beschwert, dass ich nie darauf höre, was du dir
wünschst. Da du Berlin so toll findest, möchte ich mit dir nach Berlin
fahren und dir alle Sehenswürdigkeiten zeigen. Wir werden den
Kurfürstendamm entlanggehen und uns das KaDeWe ansehen. Nicht weit davon
entfernt steht die Gedächtniskirche. Ganz in ihrer Nähe—an der Ecke
Kurfürstendamm und Uhlandstraße—steht das Café Kranzler. Die Torten dort
werden dir schmecken. Vom Café Kranzler aus führt der Kurfürstendamm
direkt zum Zoologischen Garten. Auf unserem Weg dorthin kommen wir an
vielen schönen Geschäften vorbei. Es wird dir bestimmt gefallen!

Dein Bernd

		JA	NEIN
1.	Bernd will mit Elisabeth nach Köln fahren.	☐	☐
2.	Er möchte ihr die Gedächtniskirche zeigen.	☐	☐
3.	Die Kirche ist in der Nähe vom Café Kranzler.	☐	☐
4.	Das Café ist in der Nähe von der Siegessäule.	☐	☐
5.	Auf dem Weg zum Zoo kommt man an vielen Geschäften vorbei.	☐	☐

D. Was passt zusammen? Ordne diese Wörter der passenden Kategorie zu. Schreib R für Reisen oder F für Familie und Haushalt.

1. ____ abfliegen

2. ____ ankommen

3. ____ aufpassen

4. ____ berufstätig

5. ____ der Erziehungsurlaub

6. ____ der Flughafen

7. ____ der Hausmann

8. ____ der Schalter

9. ____ der Warteraum

10. ____ die Abfahrt

11. ____ die Ankunft

12. ____ die Ehe

13. ____ die Flugkarte

14. ____ die Scheidung

15. ____ die Verspätung

16. ____ sauber machen

17. ____ sich verheiraten mit

18. ____ sorgen für

STRUKTUREN

· ·

 A. Tatsache oder Wunsch? Du hörst acht Sätze. Hör zu und umkreise das Verb, das du hörst.

IMPERFEKT	KONJUNKTIV
1. war	wäre
2. konnten	könnten
3. warst	wärest
4. hatte	hätte
5. hattest	hättest
6. konnte	könnte
7. war	wäre
8. hatte	hätte

 B. Goethes Leben. Im Jahr 1999 feierte man den 250. Geburtstag des großen Dichters Johann Wolfgang von Goethe. Hör zu und beantworte die Fragen zu Goethes Leben im Imperfekt.

Johann Wolfgang von Goethe

wird in Frankfurt geboren →	**1749**
	1765 ← beginnt das Studium in Leipzig
schreibt „Götz von Berlichingen" →	**1773**
	1777 ← fährt nach Italien
lernt Beethoven kennen →	**1812**
	1815 ← wird Staatsminister
wohnt in Böhmen →	**1820**
	1832 ← stirbt in Weimar

Du hörst: Wann wurde Goethe in Frankfurt geboren?
 Du liest: wird in Frankfurt geboren → 1749
Du sagst: 1749 wurde Goethe in Frankfurt geboren.
Du hörst: Das stimmt. 1749 wurde Goethe in Frankfurt geboren.

    1. . . .   2. . . .   3. . . .   4. . . .   5. . . .   6. . . .   7. . . .

C. Goethe. Schreibe Sätze im Plusquamperfekt und Imperfekt.

MODELL: nachdem / Goethe / in die Schweiz / reisen // treffen / er / Schiller →
Nachdem Goethe in die Schweiz gereist war, traf er Schiller.

1. nachdem / Goethe / Napoleon / begrüßen // schreiben / er / „Dichtung und Wahrheit"

_____

_____

2. nachdem / Goethe / Beethoven / sehen // werden / er / Staatsminister

_____

_____

3. bevor / Goethe / am „West-östlichen Diwan" / arbeiten // fahren / er / nach Böhmen

_____

_____

4. bevor / er / 1832 in Weimar / sterben // schreiben / er / „Faust II"

_____

_____

D. Günther liest Goethe. Schreib Sätze mit Infinitiven und **zu.**

1. Günther / vorhaben // heute Abend / „Die Leiden des jungen Werthers" / lesen

_____

2. es / machen / er / Spaß // gute Bücher / lesen

_____

3. er / finden / es / interessant // über das Leben / von Goethe / lernen

_____

E. Gute Vorsätze. Was willst du im nächsten Jahr besser oder anders machen? Schreibe Nebensätze mit **zu** und Infinitiv.

MODELL: Ich hoffe, mehr Geld zu sparen.

1. Ich hoffe, _____

2. Ich verspreche, _____

3. Ich habe mich entschlossen, _____

_____

4. Ich habe vor, _____

_____

5. Ich höre auf, _____

_____